Aprenda Definitivamente

100

Phrasal Verbs

OXFORD
UNIVERSITY PRESS

OXFORD

UNIVERSITY PRESS

Great Clarendon Street, Oxford OX2 6DP

Oxford University Press is a department of the University of Oxford.
It furthers the University's objective of excellence in research, scholarship,
and education by publishing worldwide in

Oxford New York

Auckland Cape Town Dar es Salaam Hong Kong Karachi
Kuala Lumpur Madrid Melbourne Mexico City Nairobi
New Delhi Shanghai Taipei Toronto

With offices in

Argentina Austria Brazil Chile Czech Republic France Greece
Guatemala Hungary Italy Japan Poland Portugal Singapore
South Korea Switzerland Thailand Turkey Ukraine Vietnam

OXFORD and OXFORD ENGLISH are registered trade marks of
Oxford University Press in the UK and in certain other countries

© Oxford University Press 2003

The moral rights of the author have been asserted

Database right Oxford University Press (maker)

First published 2003

2014 2013 2012
6 5 4 3

ISBN-13: 978 0 19 431612 5

Data capture and typesetting by Oxford University Press
Printed in China

Índice

Phrasal Verbs 1–100

verbos com: *verbos com:*

Como aprender definitivamente 100 phrasal verbs

Este livro apresenta 100 dos *phrasal verbs* mais úteis e freqüentes em inglês. Além dos significados mais comuns de cada verbo, para que você definitivamente domine aqueles que realmente são os mais importantes, você vai descobrir também os contextos em que cada verbo é empregado, as estruturas em que pode ser utilizado (as regências mais comuns, se é seguido de objeto ou não, de preposição ou não), os tempos verbais em que aparece com mais freqüência e outras palavras associadas a cada verbo.

Para facilitar sua orientação por este livro, os *phrasal verbs* foram organizados em ordem alfabética, mas você pode seguir a ordem que preferir, uma vez que cada verbo é trabalhado de maneira independente em cada página. Para facilitar sua aprendizagem,

foi dedicada a cada um desses verbos (ou a cada um de seus significados principais) uma página em que você poderá observar o verbo utilizado em contexto, inferir seu significado e estruturas gramaticais, colocar em prática o que aprendeu e ainda ampliar seu vocabulário com palavras importantes relacionadas ao verbo. E, para que você examine mais detalhadamente os verbos mais importantes, este livro ainda compara alguns dos verbos e partículas mais comuns. E, para que não restem dúvidas, você pode conferir suas respostas para os exercícios e a tradução de cada *phrasal verb*, além de sua pronúncia, na seção com as respostas e um minidicionário ao final do livro. Não há como não aprender definitivamente estes 100 *phrasal verbs*!

95 wake up; wake somebody up

↑ O **título** de cada página mostra a estrutura geral do *phrasal verb* e já oferece alguma informação gramatical. Note por exemplo, como o verbo **wake up**; **wake** somebody

up pode ser utilizado com ou sem um objeto e como o objeto deve ser *somebody* (isto é, uma pessoa e não um objeto).

Observe

- ▸ He's always in a bad mood when he **wakes up**.
  Ele sempre acorda de mau humor.
- ▸ Please try not to **wake** the baby **up**. I've only just got him to sleep.
  Por favor, procure não acordar o bebê. Acabei de fazê-lo dormir.
- ▸ Sh! You'll **wake up** the whole family if you don't keep quiet.
  Shh! Vai acordar a família inteira se não fizer silêncio.
- ▸ Will you **wake** me **up** at 7 o'clock tomorrow, please?
  Pode me acordar às 7 horas amanhã, por favor?
- ▸ We **were woken up** by the sound of breaking glass.
  Fomos despertados pelo som de vidro quebrando.

↑ O quadro **Observe** é uma parte muito importante de cada página e deve ser estudado com atenção. As frases neste quadro mostram em que contexto cada verbo geralmente é empregado e as maneiras mais comuns em que é utilizado.

Todas as estruturas gramaticais possíveis (por exemplo, se pode ser usado com ou sem objeto, a posição do objeto em relação ao verbo e à partícula, se são necessárias preposições, se pode ser usado na voz passiva, etc.) são exemplificadas nesta seção.

Confirme

Use as frases em **Observe** como referência ao fazer os exercícios abaixo.

Significado

1 Qual é o oposto de **wake up**?

a sair da cama
b deitar-se
c dormir

Gramática

2 Quais das frases abaixo estão gramaticalmente corretas?

a She woke up.
b She woke her father up.
c She woke up her father.
d She woke him up.
e She woke up him.
f He was woken up.

↑ Na seção **Confirme** você poderá verificar se compreendeu as informações exemplificadas em **Observe**:

Significado

Nos exercícios em **Significado** você deduz o significado do *phrasal verb* a partir do contexto dos exemplos em **Observe**.

Gramática

Nos exercícios em **Gramática** você decide quais frases estão gramaticalmente corretas e quais as estruturas gramaticais possíveis para cada *phrasal verb* a partir dos exemplos em **Observe**.

Pratique

3 Responda as perguntas abaixo com uma forma apropriada de **wake up** e o que mais for necessário:

a Did you sleep well last night?
No, I _____

b Is Dad still in bed?
Yes. Don't _____

4 Corrija os erros em duas das frases abaixo:

a It's 8 o'clock. Shall I wake Sarah up now?
b Why do you always wake up me when you come home? Can't you be quieter?
c She was woke up three times during the night by the noise outside.

↑ Após verificar as respostas dos exercícios em **Significado** e **Gramática**, você passará à seção **Pratique**. Nesta seção um ou dois exercícios lhe permitem colocar em prática o que estudou até então e utilizar o *phrasal verb* de maneira natural. Se tiver dificuldades, leia novamente as seções **Observe** e **Confirme**. Verifique suas respostas com atenção ao completar estes exercícios.

Amplie seu vocabulário

Palavras derivadas

- ADJETIVO: **wake-up**
  (= *que desperta*)
- Um telefonema para despertá-lo
  é um **wake-up call**.

Verbos semelhantes

- Veja também o verbo **get up;
  get somebody up**, que tem
  significado semelhante.

↑ A seção **Amplie seu Vocabulário** oferece informações extras
sobre o *phrasal verb* que podem ser importantes e úteis.
Para **wake up**, por exemplo, lista-se uma de suas **palavras
derivadas**. Estas indicam se há um substantivo ou um
adjetivo derivado daquele verbo.

Você encontrará também nesta seção:

Outros significados:

Informam se o verbo pode ser empregado com um
significado semelhante ou outro significado comum.

Sinônimos:

Indicam outros *phrasal verbs* ou verbos comuns que
têm o mesmo significado do *phrasal verb* estudado.

Antônimos:

Indicam outros *phrasal verbs* ou verbos comuns que
têm significado oposto ao do *phrasal verb* estudado.

Verbos semelhantes:

Indicam outros *phrasal verbs* que são semelhantes ao
phrasal verb estudado.

Revise

Estas páginas comparam os significados de algumas das
partículas e dos verbos mais comuns, além de testar seu
conhecimento dos verbos que estudou no livro.

Minidicionário e respostas

No final do livro, você encontrará uma lista com os verbos
e as respostas para os respectivos exercícios. Além das
respostas, o minidicionário traz a tradução de cada verbo
e informação sobre sua pronúncia e gramática, mostrando
a ordem dos elementos (verbo, substantivo, pronome,
advérbio e preposição) e oferecendo, desta maneira, uma
rápida referência para cada um dos verbos trabalhados
neste livro.

1 be up to somebody

Observe

- It **was up to** Roger to make sure all the doors and windows were locked.
  Era responsabilidade de Roger assegurar que todas as portas e janelas fossem trancadas.
- The decision**'s not up to** her, it**'s up to** her manager.
  A decisão não depende dela, depende do gerente dela.
- It's your birthday, so what we do tonight **is up to** you.
  O aniversário é seu, portanto, você é quem decide o que faremos hoje à noite.
- "Can I have a computer for Christmas?" "That**'s up to** your father."
  "Posso ganhar um computador no Natal?" "Depende do seu pai."

Confirme

Use as frases em **Observe** como referência ao fazer os exercícios abaixo.

Significado

1 O verbo **be up to somebody** tem dois significados correlatos. O que significa nos exemplos abaixo?

It was up to her to cook dinner on Mondays.

a A decisão era dela.
b Era responsabilidade dela.

'Shall we go out?' 'It's up to you.'

c A decisão é sua.
d A responsabilidade é sua.

Gramática

2 Quais das frases abaixo estão gramaticalmente corretas?

a It's the boss up to.
b It's up to the boss.
c It's her up to.
d It's up to her.

Pratique

3 Complete as frases com uma forma apropriada de **be up to somebody** e um dos objetos abaixo.
Cada palavra ou expressão deve ser usada apenas uma vez.

| you   students   her   the prosecution lawyer |

a It _____ to find their own accommodation.
b It _____ to prove that somebody is guilty in court.
c I don't mind where we go – it _____ .
d Jenny can go to the party if she likes – it _____ .

4 Responda as perguntas abaixo com o verbo **be up to somebody** e um objeto:

a Can you have time off work next week?
   That's up to _____ .

b Does your mother tidy your room for you?
   No, it's _____ .

c Will he go to jail?
   That's _____ .

→ RESPOSTAS **be up to** sb na p.111

2 be up to something

Observe

▶ He looks very guilty. What do you think he**'s been up to**?
Ele está com cara de culpado. O que você acha que ele andou aprontando?

▶ The kids are very quiet. **Are** they **up to** something?
As crianças estão muito quietas. Será que estão aprontando algo?

▶ She didn't really want to know what he **'d been up to**.
Ela realmente não queria saber o que ele tinha aprontado.

Confirme

Use as frases em **Observe** como referência ao fazer os exercícios abaixo.

Significado

1 Qual das opções tem o mesmo significado da pergunta abaixo?

What are you up to?

a What is your job?

b What are you doing?

c Where are you?

d What do you think?

2 Se alguém diz "**He's up to something**", a que se refere, normalmente?

a a algo bom

b a algo ruim

c a algo importante

Gramática

3 Qual das frases abaixo está gramaticalmente correta?

a He's up to something.

b He's something up to.

c Something was up to him.

Pratique

4 Junte as duas partes para formar frases completas:

a I'm going to tell his parents

b We have to find out

c I haven't seen you for weeks.

d He's gone out again.

i What have you been up to?

ii what their son has been up to.

iii what these people are up to.

iv I think he's up to something.

5 Escreva perguntas para as situações abaixo, usando o verbo **be up to something** e o que mais for necessário:

a Your friend is very tired this morning.
Ask what he/she did last night.
So, _____ ?

b A little boy is covered in mud.
Ask his mother what he has been doing.
_____ ?

c The children are very quiet.
Ask your friend if he/she thinks they are doing something naughty.
Do you think _____ ?

→ RESPOSTAS **be up to** sth na p.111

3 blow up; blow somebody/something up

Observe

▶ There was a huge bang as the fuel tank **blew up**.
Houve um estrondo enorme quando o tanque de combustível explodiu.

▶ In 1605 Guy Fawkes tried to **blow up** Parliament and the King.
Em 1605, Guy Fawkes tentou destruir o Parlamento e o rei com uma explosão.

▶ They threatened to **blow** the building **up**.
Ameaçaram explodir o prédio.

▶ The thieves robbed the store and then **blew** it **up**.
Os ladrões assaltaram a loja e depois a explodiram.

▶ The two men **were** tragically **blown up** by a car bomb in 1997.
Os dois homens morreram tragicamente na explosão de um carro-bomba em 1997.

Confirme

Use as frases em **Observe** como referência ao fazer os exercícios abaixo.

Significado

1 Use <u>duas</u> das alternativas abaixo para completar a definição deste significado de **blow (somebody/something) up**:

a um vento forte
b desmoronar
c explodir
d uma explosão

_____ ou ser destruído
por _____

2 Se uma pessoa diz "**It was blown up**", o que aconteceu exatamente?

a Algo foi destruído por uma bomba ou explosão.
b Algo foi derrubado e danificado por ventos fortes.

Gramática

3 Quais das frases abaixo estão gramaticalmente corretas?

a The factory blew up.
b They blew the factory up.
c They blew up the factory.
d They blew it up.
e They blew up him.
f The factory was blown up.

Pratique

4 Complete as frases com uma forma apropriada de **blow (somebody/something) up** e um dos objetos abaixo, se necessário:

the offices   the company director   it

a The demonstrators threatened to _____ if their demands were not met.

b We were sent home from school when the old heating boiler _____ .

c They laid explosives all along the bridge and _____ .

d An attempt was made to _____ , but luckily he escaped unharmed.

Amplie seu vocabulário

Palavras derivadas

■ SUBSTANTIVO:
blow-up (= *explosão*)

▶ The mixture of chemicals caused a massive blow up.
A mistura de produtos químicos causou uma explosão enorme.

→ RESPOSTAS **blow up**; **blow** sb/sth **up** na p.111

4 **blow** something **up**

Observe

▶ We **blew up** lots of balloons for the party.
  Enchemos um monte de balões para a festa.
▶ They used the pump to **blow** the air bed **up**.
  Eles usaram a bomba para encher o colchão de ar.
▶ The balloon will burst if you **blow** it **up** too much.
  O balão vai estourar se você o encher demais.
▶ Can you check the tyres? I think they need to **be blown up** a bit.
  Você poderia verificar os pneus? Acho que precisam de um pouco de ar.

Confirme

Use as frases em **Observe** como referência ao fazer os exercícios abaixo.

Significado

1 Escolha <u>duas</u> das palavras abaixo para completar a definição deste significado de **blow something up**:

a água   **c** ar   **e** vento
b gás   **d** líquido

encher algo com _____ ou
_____

2 Quais das palavras abaixo podem ser objeto deste significado de **blow up**?

a uma bola   **d** um pneu
b as bochechas **e** um carro
c um balão

Gramática

3 Quais das frases abaixo estão gramaticalmente corretas?

a We blew the balloons up.
b We blew up the balloons.
c We blew them up.
d We blew up them.
e The balloons were blown up.

Pratique

4 Responda as perguntas abaixo com uma forma apropriada de **blow something up** e o que mais for necessário:

a Is everything ready for the party?
No, _____
_____ .

b Did you check the tyres on my bicycle for me?
_____
_____ .

Amplie seu vocabulário

Palavras derivadas

■ ADJETIVO: **blow-up** (= *inflável*)
▶ We bought him a **blow-up** pillow for the long bus journey.
  Compramos para ele um travesseiro inflável, para a longa viagem de ônibus.

Outros significados

■ **Blow something up** também significa "ampliar algo", por exemplo, uma foto.
▶ What a lovely photo! Shall we have it **blown up**?
  Que foto linda! Vamos mandar ampliar?

→ RESPOSTAS **blow** sth **up** na p.111

5 break down

Observe

- ▶ Why are you late? Did the bus **break down**?
  Por que você se atrasou? O ônibus quebrou?
- ▶ What a terrible journey! We **broke down** twice on the way home.
  Que viagem horrível! O carro quebrou duas vezes na volta para casa.
- ▶ I'm nervous about using the washing machine in case it **breaks down** again.
  Estou com medo de usar a lavadora e ela quebrar de novo.

Confirme

Use as frases em **Observe** como referência ao fazer os exercícios abaixo.

Significado

1 Quais das palavras abaixo podem ser sujeito do verbo **break down**?

a ferramentas
b máquinas
c veículos

Gramática

2 Quais das frases abaixo estão gramaticalmente corretas?

a We broke down.
b We broke down the car.
c The car broke down.
d The car broke itself down.

Pratique

3 **Break** ou **break down**? Escolha a melhor alternativa.
Use as respostas do exercício em **Significado** como referência.

a Can I borrow your pen? Mine's *broken / broken down*.
b If the air conditioning system *breaks / breaks down*, call the engineer.
c I tried to cut some very thick paper and the scissors *broke / broke down*.
d "My new mobile phone's *broken / broken down*." "Did you drop it again?"

4 Responda as perguntas abaixo com uma forma apropriada de **break down** e o que mais for necessário:

a Why are you washing your clothes by hand?
Because _____ .

b Is your car reliable?
Yes, _____ .

Amplie seu vocabulário

Palavras derivadas

- ■ SUBSTANTIVO: **a breakdown** (= *avaria*)
- ▶ We had a **breakdown** on the way home.
  Nosso carro quebrou a caminho de casa.

- ■ ADJETIVO: **broken-down** (= *quebrado, avariado*)
- ▶ a **broken-down** car
  um carro quebrado

- ■ Estas palavras costumam ser usadas em relação a carros.

→ RESPOSTAS **break down** na p.111

6 break up

Observe

▶ It's always hard when a marriage **breaks up**, especially if there are children.
É sempre difícil quando um casamento termina, especialmente se há filhos.

▶ After three albums, the band **broke up** in order to have solo careers.
Depois de três álbuns, os integrantes da banda se separaram para seguir carreira solo.

▶ He's just **broken up** with his girlfriend.
Ele acabou de terminar com a namorada.

▶ "Why are you crying?" "Chris thinks we should **break up**."
"Por que você está chorando?" "Chris acha que devemos nos separar."

Confirme

Use as frases em **Observe** como referência ao fazer os exercícios abaixo.

Significado

1 Complete as definições com uma das expressões entre parênteses:

a If a relationship breaks up, it
(*is unhappy/comes to an end*).

b If people break up, they
(*end a relationship/get divorced*).

Gramática

2 Quais das frases abaixo estão gramaticalmente corretas?

a They broke up.
b He broke up.
c He broke up with her.
d The marriage broke up.

Pratique

3 Complete as frases com um dos sujeitos abaixo.

many bands   her marriage   she

a _____ broke up in 1985, leaving her to raise two children on her own.

b _____ break up because of personality clashes between members.

c Pat was very depressed after
_____
broke up with John.

4 Responda a pergunta abaixo de duas maneiras, usando o verbo **break up**:

Are Mark and Liz still together?
No, _____
_____ .
Yes, _____
_____ .

Amplie seu vocabulário

Palavras derivadas

■ SUBSTANTIVO: **break-up** (= *separação*)

▶ He moved away after the **break-up** of his marriage.
Ele se mudou depois da separação.

Sinônimos

■ O verbo **split up** tem o mesmo significado e é usado da mesma maneira.

▶ Did you know Sue has **split up** with Jake?
Você soube que a Sue se separou do Jake?

→ RESPOSTAS **break up** na p.111

7 bring somebody up

▶ I would prefer not to **bring** my children **up** in a big city.
Eu preferiria não criar meus filhos numa cidade grande.

▶ My aunt **brought up** her three children without any help.
Minha tia criou os três filhos sem a ajuda de ninguém.

▶ His mother **brought** him **up** to always say "please" and "thank you".
A mãe o ensinou a sempre dizer "por favor" e "obrigado".

▶ She **was brought up** in the countryside.
Ela foi criada no interior.

Confirme

Use as frases em **Observe** como referência ao fazer os exercícios abaixo.

Significado

1 Qual das definições abaixo <u>não</u> traduz o significado de **bring up a child**?

a cuidar de um filho até que seja adulto
b fazer com que um filho se comporte como adulto
c ensinar a um filho como se comportar

Gramática

2 Quais das frases abaixo estão gramaticalmente corretas?

a She brought her son up.
b She brought up her son.
c She brought him up.
d She brought up him.
e He was brought up by his aunt.

Pratique

3 Complete as frases com uma forma apropriada de **bring somebody up** e uma das palavras ou expressões abaixo. Cada uma deve ser usada apenas uma vez.

> I   him   boys and girls

a His parents died when he was young, so his grandparents _____ .
b Do you think parents should _____ in the same way?
c _____ on a farm.

4 Escreva duas frases sobre sua infância, usando o verbo **bring somebody up**:

_____
_____
_____

Amplie seu vocabulário

Palavras derivadas

■ SUBSTANTIVO: **upbringing**
(= *criação, educação (em casa)*)

▶ She had a very strict **upbringing**.
Ela teve uma educação muito severa.

Verbos semelhantes

■ Veja os verbos **grow up** e **look after somebody**, que têm significados semelhantes.

→ RESPOSTAS **bring** sb **up** na p.111

8 call back; call somebody back

Observe

- ▶ I'm afraid Mr. Smith is in a meeting. Can you **call back** later?
  Infelizmente o Sr. Smith está em reunião. O senhor pode ligar mais tarde?
- ▶ There's a phone message for you: can you **call** John **back** this evening?
  Telefonaram e deixaram um recado: você pode ligar para o John à noite?
- ▶ I left lots of messages for Sue, but she never **called** me **back**.
  Deixei um monte de recados para a Sue, mas ela nunca ligou de volta.

Confirme

Use as frases em **Observe** como referência ao fazer os exercícios abaixo.

Significado

1 <u>Duas</u> das frases abaixo são definições corretas de **call (somebody) back**. Qual delas <u>não</u> é correta?

  a telefonar de novo para alguém
  b telefonar para alguém que não ligou antes
  c telefonar para alguém que ligou mais cedo

Gramática

2 Quais das frases abaixo estão gramaticalmente corretas?

  a I called back later.
  b I called my parents back later.
  c I called back my parents later.
  d I called them back later.
  e I called back them later.

Pratique

3 Complete as frases abaixo com uma forma apropriada de **call (somebody) back** e o que mais for necessário:

  a She wasn't in when I phoned the first time, so I _____ .
  b I'm rather busy at the moment, Sam. Can I _____ ?
  c I left a message with his secretary and he _____ .
  d I've phoned her three times today, but she _____ .

Amplie seu vocabulário

Palavras derivadas

- ■ SUBSTANTIVO: a **callback** (= *uma ligação de retorno*)
- ■ Este substantivo tem dois significados:
- **1** um recurso do telefone que liga de novo automaticamente para o número que estava ocupado quando você ligou:
- ▶ a **callback** facility
  um recurso de **callback**
- **2** um telefonema para alguém que ligou para você mais cedo:
- ▶ Please leave your name and number and we will give you a **callback**.
  Por favor, deixe seu nome e número de telefone que nós lhe telefonaremos.

Verbos semelhantes

- ■ Podem-se usar outros verbos em lugar de **call**, especialmente em inglês britânico:
- ▶ I'll **ring** / **phone** you **back** with the details later.
  Ligarei novamente para você e lhe darei os detalhes.

→ RESPOSTAS **call back**; **call** sb **back** na p.111

9 catch up; catch somebody/something up

Observe

- ▶ They're a long way in front. Do you think we can **catch up**?
  Eles estão bem à frente. Você acha que vamos conseguir alcançá-los?
- ▶ He ran to **catch up** with her.
  Ele correu para alcançá-la.
- ▶ You go ahead. I'll **catch** you **up** in a few minutes.
  Vá em frente. Eu o alcanço daqui a alguns minutos.
- ▶ She **caught** her rival **up** just before the finish.
  Ela alcançou a rival um pouco antes da linha de chegada.
- ▶ The police finally **caught up** with the car at the traffic lights.
  A polícia finalmente alcançou o carro no semáforo.

Confirme

Use as frases em **Observe** como referência ao fazer os exercícios abaixo.

Significado

1 Se você participou de uma corrida e diz "**I caught up with him**", o que aconteceu? Há mais de uma resposta possível.

- **a** Ele estava à sua frente.
- **b** Você teve que correr mais do que ele.
- **c** Ele continuou à sua frente.
- **d** Você passou à frente dele.
- **e** Você emparelhou com ele.

Gramática

2 Quais das frases abaixo estão gramaticalmente corretas?

- **a** She caught up.
- **b** She caught Tom up.
- **c** She caught up Tom.
- **d** She caught him up.
- **e** She caught up with him.

Pratique

3 Complete as frases com uma forma apropriada de **catch up** e o que mais for necessário:

- **a** He told me to go on ahead and said he _____ .
- **b** She was driving so fast that I _____ .
- **c** I often had to stop and let him _____ .
- **d** If you run fast nobody _____ .

Amplie seu vocabulário

Outros significados

- ■ Este verbo também pode significar "atingir o mesmo nível ou padrão de alguém ou algo melhor ou mais avançado".
- ▶ The company will probably **catch up** with its competitors within a couple of years.
  A companhia provavelmente alcançará a concorrência em alguns anos.

Verbos semelhantes

- ■ Veja também o verbo **keep up**, que tem significado semelhante.

→ RESPOSTAS **catch up**; **catch** sb/sth **up** na p.111

10 check in; check somebody/something in

Observe

▶ It's a good idea to **check in** two hours before your flight is due to leave.
É aconselhável fazer o check-in duas horas antes do vôo.

▶ The telephone kept ringing as he was trying to **check** the guests **in**.
O telefone não parou de tocar enquanto ele tentava registrar os hóspedes.

▶ I watched the car leave, then went to **check in** my suitcases.
Fiquei olhando o carro se afastar e depois fui despachar minhas malas.

▶ Has she **checked** you **in** yet?
Ela já o registrou?

▶ All the passengers have **been checked in** now.
Todos os passageiros já fizeram o check-in.

Confirme

Use as frases em **Observe** como referência ao fazer os exercícios abaixo.

Significado

1 Se uma pessoa diz "I'll **check you in**", o que ela vai fazer?

   a Vai verificar se você está no lugar certo, fazendo as coisas corretamente, etc.

   b Vai pedir seu nome, conferir sua reserva, dar-lhe uma chave, documentos, etc.

2 Se uma pessoa diz "I'll **check it in**", o que ela vai fazer?

   a Vai entregar ou receber bagagem para ser embarcada num avião.

   b Vai entregar algo a alguém.

Gramática

3 Quais das frases abaixo estão gramaticalmente corretas?

   a I checked in.
   b I checked my bags in.
   c I checked in my bags.
   d I checked them in.
   e I checked in them.
   f The bags were checked in.

Pratique

4 Corrija os erros em <u>duas</u> das frases abaixo:

   a We checked in Guarulhos at 2 p.m. but our plane didn't leave until nine.

   b You must never agree to check in other people's baggage.

   c Let's check our bags in first, then have a look at the shops.

   d After checking us in and having a quick shower, we went off to explore.

Amplie seu vocabulário

Palavras derivadas

■ SUBSTANTIVO: **check-in** (= *check-in*)
▶ **Check-in** is from 11.30.
O check-in começa às 11h30.

Antônimos

■ Quando **check in; check somebody/something in** é usado em relação a hotéis, seu oposto é **check out; check out of something**.

→ RESPOSTAS **check in; check** sb/sth **in** na p.112

11 check out; check out of something

Observe

▶ We have to **check out** by 10 a.m.
Temos de desocupar o quarto antes das 10h.

▶ It was nearly twelve by the time she **checked out of** the Hilton.
Era quase meio-dia quando ela pagou a conta e saiu do Hilton.

▶ He **checked out of** the hospital against his doctor's orders.
Ele saiu do hospital contrariando as ordens do médico.

Confirme

Use as frases em **Observe** como referência ao fazer os exercícios abaixo.

Significado

1 Se uma pessoa diz "**I checked out of the hotel**", o que podemos afirmar que ela fez? Há mais de uma resposta possível.

a Apenas visitou o hotel.
b Pagou a conta do hotel.
c Fez perguntas à recepcionista.
d Foi embora do hotel.

2 Quais das palavras abaixo podem ser objeto do verbo **check out of**?

a um hotel
b um motel
c um escritório
d um hospital
e um aeroporto

Gramática

3 Quais das frases abaixo estão gramaticalmente corretas?

a I checked out.
b I checked out the hotel.
c I checked out of the hotel.
d The hotel was checked out of.

Pratique

4 Complete as frases abaixo com uma forma apropriada de **check out (of something)** e o que mais for necessário:

a What time do I have to _____ in the morning?
b We _____ our hotel early, and went to the airport.
c Make sure you haven't left anything in your room before you _____ .
d I tried to find him, but he'd already _____ .
e He called to say that he _____ the hospital already.

Amplie seu vocabulário

Palavras derivadas

■ SUBSTANTIVO: **checkout**
(= *ato de pagar a conta num hotel e partir*)

▶ **Checkout** is 11 a.m.
Os quartos devem ser desocupados até as 11h.

Antônimos

■ O oposto de **check out; check out of something** é **check in; check somebody/something in.**

→ RESPOSTAS **check out**; **check out of** sth na p.112

12 check somebody/something out

Confirme

Use as frases em **Observe** como referência ao fazer os exercícios abaixo.

Significado

1 Complete as definições deste significado de **check somebody/something out** com as palavras abaixo:

a honesta
b verdadeira
c correta
d confiável
e aceitável

Check somebody out significa "descobrir se uma pessoa
é _____ , _____ , etc".

Check something out significa "descobrir se alguma coisa é
_____ , _____
ou _____ ".

Gramática

2 Quais das frases abaixo estão gramaticalmente corretas?

a I checked his story out.
b I checked out his story.
c I checked it out.
d I checked out it.
e His story was checked out.

Pratique

3 Reescreva as frases abaixo, mantendo o significado. Use uma forma apropriada de **check somebody/something out** e o que mais for necessário:

a I don't trust him. I think we should find out if his story is true.
I think we _____ .

b The police investigated the names and addresses to see if they were real.
_____ .

c Can you see if something is correct for me? _____ ?

d They always do thorough checks on any potential employees.
Potential employees are always
_____ .

Amplie seu vocabulário

Outros significados

■ Em linguagem informal, **check somebody/something out** também pode significar "olhar alguém ou algo porque parece interessante ou atraente".

▶ We're going to **check out** that new bar in town. Do you want to come?
Nós vamos conferir aquele bar novo que abriu na cidade. Você quer vir?

▶ **Check out** that gorgeous guy over there!
Dê uma olhada naquele cara lindo ali!

→ RESPOSTAS **check** sb/sth **out** na p.112

13 cheer up; cheer somebody/yourself up

Observe

- ▶ **Cheer up!** I'm sure everything will be fine.
  Ânimo! Tenho certeza de que vai dar tudo certo.
- ▶ He **cheered up** a lot when he saw you.
  Ele ficou bem animado quando viu você.
- ▶ He spent ages trying to **cheer** the kids **up**.
  Ele passou uma eternidade tentando animar as crianças.
- ▶ How can I **cheer** you **up**?
  Como posso animar você?
- ▶ I went shopping to **cheer** myself **up**.
  Fui fazer compras para me animar.
- ▶ Maria **was cheered up** by a letter from her mother.
  Maria ficou alegre com uma carta da mãe.

Confirme

Use as frases em **Observe** como referência ao fazer os exercícios abaixo.

Significado

1 Se eu digo "**She cheered up**", como ela se sentiu?

- **a** mais feliz do que antes
- **b** mais saudável do que antes
- **c** mais triste do que antes

Gramática

2 Quais das frases abaixo estão gramaticalmente corretas?

- **a** She cheered up.
- **b** She cheered herself up.
- **c** She cheered up herself.
- **d** She cheered her friend up.
- **e** She cheered him up.
- **f** She was cheered up by the news.

Pratique

3 Complete as frases abaixo com uma forma apropriada de **cheer (somebody/yourself) up** e o que mais for necessário:

- **a** I'm worried about Jo. She seems very depressed.
  Why don't you _____?
- **b** Is Chris more cheerful now?
  Yes. He _____ .
- **c** I'm tired of this cold winter weather.
  _____ .

4 **When you are feeling depressed, what do you do to cheer yourself up?**

Responda a pergunta com uma frase completa.

_____
_____
_____
_____

→ RESPOSTAS **cheer up; cheer** sb/yourself **up** na p.112

14 come across somebody/something

Confirme

Use as frases em **Observe** como referência ao fazer os exercícios abaixo.

Significado

1 Escolha a definição correta do verbo **come across somebody/something**:

 a encontrar ou descobrir alguém ou algo por acaso

 b encontrar ou descobrir alguém ou algo onde você esperava encontrá-los ou descobri-los

2 Se uma pessoa diz "**I came across this book in a bookshop**", qual das frases abaixo está correta?

 a Ela não sabia que o livro estava lá.

 b Seu professor lhe havia dito que fosse à livraria e comprasse o livro.

Gramática

3 Quais das frases abaixo estão gramaticalmente corretas?

 a She came a book across.

 b She came across a book.

 c She came it across.

 d She came across it.

Pratique

4 Corrija o erro em cada frase abaixo:

 a Did you came across anything interesting during your investigation?

 b This is an unusual book. My father came it across in the library.

 c This is a recipe that I came across it in a French dictionary of cooking.

 d Have you come a girl across called Maisy White on your course?

Amplie seu vocabulário

Sinônimos

■ O verbo **come across somebody** pode ser substituído por **bump into somebody**, no sentido de "encontrar alguém por acaso".

▶ I **came across/bumped into** an old school friend the other day in a bookshop.
Outro dia encontrei um velho amigo de escola numa livraria.

→ RESPOSTAS **come across** sb/sth na p.112

15 come around

Observe

▶ Jill **came around** last night and stayed for hours.
Jill deu uma passada lá em casa ontem à noite e ficou horas.

▶ Would you like to **come around** for dinner?
Você gostaria de vir jantar aqui em casa?

▶ I'll **come around** to your hotel as soon as I finish work.
Dou uma passada pelo seu hotel assim que sair do trabalho.

▶ **Come around** later and we'll show you our wedding photos.
Passe lá em casa mais tarde e lhe mostraremos as fotos do casamento.

Confirme

Use as frases em **Observe** como referência ao fazer os exercícios abaixo.

Significado

1 Se uma pessoa lhe diz "**Why don't you come around?**", o que está querendo que você faça? Escolha <u>uma</u> resposta.

a Que passe uns dias na casa dela.
b Que lhe faça uma breve visita em casa.
c Que a encontre em algum lugar.

Gramática

2 Quais das frases abaixo estão gramaticalmente corretas?

a He came around.
b He came my house around.
c He came around to my house.
d My house was come around to.

Pratique

3 Complete as frases com uma forma de **come around**
e o que mais for necessário:

a My parents usually _____ our place on Sundays.
b If you're free on Friday evening, do _____ coffee.
c My phone's broken. Can _____ use yours?
d I'm busy tomorrow evening. Some friends _____ .

4 Convide um amigo para almoçar na sua casa no sábado:

_____
_____
_____
_____

Amplie seu vocabulário

Verbos semelhantes

■ Também se usam **come round**, em inglês britânico, ou **come over**.

▶ He doesn't **come round** much any more. He's very busy with his new job.
Ele já não aparece muito lá em casa. Anda muito ocupado com o novo emprego.

▶ Our new neighbours are **coming over** for a drink later.
Os novos vizinhos vão passar aqui em casa mais tarde para um drinque.

■ Pode-se usar **go (a)round** ou **go over** em vez de **come (a)round** ou **come over** ao se referir à casa de outra pessoa.

▶ Why don't you **go around/over** to your grandmother's today?
Por que você não dá um pulo até a casa da sua avó hoje?

→ RESPOSTAS **come around** na p.112

16 come on

Observe

▶ **Come on**! We'll be late if we don't hurry up!
Vamos! Nós vamos nos atrasar se não nos apressarmos!

▶ **Come on**, Andy, give us a smile. Everything's going to be OK.
Vamos, Andy, dê um sorriso. Vai dar tudo certo.

▶ "**Come on**", urged Laura, "Don't be shy!"
"Vamos", insistiu Laura, "não seja tímida!"

▶ Oh **come on**! You don't expect me to believe that story, do you?
Ora, vamos! Você não espera que eu acredite nessa história, espera?

▶ You thought the movie was good? Oh **come on**, it was terrible!
Você achou o filme bom? Ah, seja sincero, foi horrível!

Confirme

Use as frases em **Observe** como referência ao fazer os exercícios abaixo.

Significado

1 Para qual das finalidades abaixo a expressão "**Come on!**" não é utilizada?

a para encorajar alguém a fazer algo
b para indicar que se está pensando em algo
c para indicar que não se acredita no que alguém disse
d para indicar que se discorda de alguém

Gramática

2 Qual das frases abaixo está gramaticalmente correta?

a Come on.
b Oh coming on!
c They came on.
d They were come on.

Pratique

3 Em quais destas situações você poderia usar a expressão "**Come on!**"?

a durante uma conversa ou uma briga
b quando você está com pressa
c quando você está tentando ser educado

4 Escolha uma expressão apropriada para estas situações:

a *Come on!/Slow down!* Why are you taking so long?
b *Oh come on!/Absolutely!* I completely agree.
c Let's have a drink! *Come on!/Don't have one!*
d *Come on!/Keep quiet!* Tell me what happened!
e What are you doing up there? *Come on!/Come down!*

Amplie seu vocabulário

Sinônimos

■ Também se usa o verbo **come along** com o significado de "encorajar alguém a fazer algo", especialmente em inglês britânico.

▶ **Come on/along** now, don't be afraid.
Vamos, não tenha medo.

→ RESPOSTAS **come on** na p.112

17 cut down; cut down on something

Observe

▶ Even if you've smoked all your life, it's never too late to **cut down** or stop.
Mesmo que você tenha fumado a vida inteira, nunca é tarde demais para diminuir a quantidade de cigarros ou deixar de fumar.

▶ I've spent far too much money this month – I really must **cut down**.
Gastei dinheiro demais este mês. Preciso realmente reduzir as despesas.

▶ If you want to lose weight, try **cutting down on** fatty snacks.
Se você quer emagrecer, tente comer menos lanches gordurosos.

Confirme

Use as frases em **Observe** como referência ao fazer os exercícios abaixo.

Significado

1 Escolha <u>duas</u> das palavras abaixo para completar a definição deste significado de **cut down (on something)**:

a mais **b** menos **c** mudar **d** melhorar

comer, beber ou usar _____ de algo, geralmente para _____ a situação ou a saúde

Gramática

2 Quais das frases abaixo estão gramaticalmente corretas?

a I cut down.
b I cut down smoking.
c I cut down on smoking.

Pratique

3 Um amigo seu quer emagrecer e ficar em forma. Escreva alguns conselhos para ele, usando o verbo **cut down (on something)**:

_____ .
_____ .

4 Are <u>you</u> trying to cut down on anything? Is there anything that <u>you</u> think you should cut down on?

Escreva algumas frases a seu respeito, usando uma forma apropriada de **cut down (on something)** e o que mais for necessário:

_____ .
_____ .

Amplie seu vocabulário

Sinônimos

■ Também se usa **cut back (on something)** com este significado.

▶ The doctor told me to **cut back on** red meat.
O médico me mandou comer menos carne vermelha.

Verbos semelhantes

■ **Give up** significa "deixar de fazer ou de ter algo completamente".

▶ My doctor says I have to **give up** alcohol.
Meu médico diz que eu tenho de parar de beber.

→ RESPOSTAS **cut down**; **cut down on** sth na p.112

18 cut somebody off

Observe

- The day I had to work on the switchboard I kept **cutting** people **off**!
  No dia em que tive de trabalhar como telefonista, cortava as ligações o tempo todo!
- Kenneth slammed the phone down and **cut** her **off**.
  Kenneth bateu o telefone na cara dela.
- Operator, I've just **been cut off**. Can you reconnect me?
  Telefonista, a linha caiu. Pode ligar de novo?

Confirme

Use as frases em **Observe** como referência ao fazer os exercícios abaixo.

Significado

1 Escolha <u>duas</u> das palavras abaixo para completar a definição de **cut somebody off**:

a interromper   **c** fazendo
b continuar   **d** cortando

_____ uma conversa telefônica _____ a ligação

Gramática

2 Quais das frases abaixo estão gramaticalmente corretas?

a She cut her friend off.
b She cut off her friend.
c She cut him off.
d She cut off him.
e She was cut off.

Pratique

3 Reescreva as frases abaixo, mantendo o significado. Use uma forma apropriada de **cut somebody off** e o que mais for necessário:

a Their telephone connection was suddenly broken.
They _____.
b Operator, the connection with the person I was talking to has been broken.
Operator, we _____.
c I'm so sorry. My son was playing with the phone and broke our connection.
I'm so sorry. My son _____.

Amplie seu vocabulário

Outros significados

- **Cut somebody off** também pode significar "interromper alguém que está falando".
- He rudely **cut** me **off** in mid-sentence.
  Ele me interrompeu grosseiramente no meio da frase.
- I **was** abruptly **cut off** in my explanation of why I was late.
  A minha explicação para o atraso foi interrompida abruptamente.

→ RESPOSTAS **cut** sb **off** na p.112

19 cut somebody/something off (1)

Observe

- A concrete wall **cut** the town **off** from the beach and the sea.
  Um muro de concreto separava a cidade da praia e do mar.
- No one knew why Ray had **cut off** all contact with his family.
  Ninguém sabia por que Ray tinha cortado todo o contato com a família.
- The mist had **cut** them **off** from the rest of the group, and they were lost.
  O nevoeiro os havia separado do resto do grupo e eles estavam perdidos.
- Pierre **cut** himself **off** by living in Scotland, far away from his family.
  Pierre isolou-se indo morar na Escócia, bem longe da família.
- The farm **is** often completely **cut off** in the winter.
  No inverno a fazenda costuma ficar completamente isolada.

Confirme

Use as frases em **Observe** como referência ao fazer os exercícios abaixo.

Significado

1 Use as palavras abaixo para completar a definição
deste significado de **cut somebody/something off**:

a física   c separar
b coisas   d pessoas

_____ alguém, algo ou a si mesmo _____
ou socialmente de outras _____ ou _____

Gramática

2 Quais das frases abaixo estão gramaticalmente corretas?

a Snow cut the town off.   e He cut himself off.
b Snow cut off the town.   f He cut off himself.
c Snow cut it off.   g The town was cut off.
d Snow cut off it.

Pratique

3 Quais das respostas não seriam muito
prováveis para a pergunta abaixo?

**Why did he cut himself off from his
friends and family?**

a He wanted to be alone.
b He loved them very much.
c He was angry with them.
d He needed them.

4 Somente <u>uma</u> das frases abaixo está
correta. Você consegue achar e corrigir
os erros nas outras?

a We are often cutting off in the winter
because of bad weather.
b You can't expect me to cut completely
myself off from my friends.
c They were so busy talking to each other
that I felt cut off and alone.
d The country had cut off from all contact
with the outside world.

→ RESPOSTAS **cut** sb/sth **off** na p.112

20 cut somebody/something off (2)

Observe

▶ They **cut off** the water supply for three hours this morning.
Hoje de manhã cortaram o fornecimento de água por três horas.

▶ The gas company won't **cut** you **off** without warning you first.
A companhia de gás não vai cortar o fornecimento sem avisar primeiro.

▶ He had forgotten to pay the bill so his phone had **been cut off**.
Ele havia se esquecido de pagar a conta e o telefone havia sido cortado.

▶ I was told that our research funds were **being cut off** immediately.
Fui informada de que a verba para nossa pesquisa seria cortada imediatamente.

Confirme

Use as frases em **Observe** como referência ao fazer os exercícios abaixo.

Significado

1 Escolha a definição correta deste significado de **cut somebody/something off**:

a deixar de ter algo
b parar de fazer algo para alguém
c suspender o fornecimento de algo (para alguém)

2 Quais das palavras abaixo podem ser objeto do verbo **cut off**?

a a energia   d o gás   f a televisão
b a água   e o telefone   g a verba
c as luzes

Gramática

3 Quais das frases abaixo estão gramaticalmente corretas?

a They cut off the electricity supply.
b They cut us off.
c They cut off us.
d The electricity supply was cut off.

Pratique

4 Responda as perguntas abaixo com uma forma apropriada de **cut somebody/something off** e o que mais for necessário:

a Why are you going out to use a public telephone?
Because _____
_____ .

b What happens if you don't pay your electricity bill?
The company _____
_____ .

c Why can't we cook dinner at home?
Because the gas _____
_____ .

5 Corrija os erros em <u>duas</u> das frases abaixo:

a The power is automatically cut off if the system overheats.
b She didn't pay the bill so they cut off.
c Water supplies to farmers were cut off last week to try to conserve water.
d They were wearing coats and scarves as the electricity was been cut off.

→ RESPOSTAS **cut** sb/sth **off** na p.112

21 do something up

Observe

- My son is eight years old and he still can't **do** his shoes **up**.
  Meu filho tem oito anos e ainda não consegue amarrar os sapatos.
- He couldn't **do up** the buttons on his coat.
  Ele não conseguia abotoar o casaco.
- The skirt was far too small for her – she couldn't even **do** it **up**.
  A saia era pequena demais para ela. Ela nem conseguia fechá-la.
- He wore a long coat that **was done up** at the neck.
  Ele estava com um casaco comprido, abotoado no pescoço.

Confirme

Use as frases em **Observe** como referência ao fazer os exercícios abaixo.

Significado

1 Qual das frases abaixo mais se aproxima deste significado de **do something up**?

a apertar algo
b prender ou fechar algo

2 Quais das palavras abaixo podem ser objeto do verbo **do up**?

a um paletó   d um botão
b um zíper   e o cordão de um tênis
c meias

Gramática

3 Quais das frases abaixo estão gramaticalmente corretas?

a He did his coat up.
b He did up his coat.
c He did it up.
d He did up it.
e His coat was done up.

Pratique

4 Responda as frases abaixo com uma forma apropriada de **do something up** e o que mais for necessário:

a Do you think this jacket is smart enough?
Yes, if you ————————— .

b Why didn't you buy those jeans?
They were too small. —————————
————————————— !

c I just tripped and fell.
I'm not surprised. Your laces ————
————————————— .

Amplie seu vocabulário

Antônimos

- O oposto deste significado de **do something up** é **undo something**.
- I can't **undo** my zip. I think it's stuck.
  Não consigo abrir meu zíper. Acho que ficou preso.

Verbos semelhantes

- Também podem ser usados verbos mais específicos: **button up**, **zip up** e **tie up**.
- Os opostos destes verbos são **unbutton**, **unzip** e **untie**.

→ RESPOSTAS **do** sth **up** na p.112

22 drop somebody/something off

Observe

- ▶ Will you **drop** the kids **off** at school on your way into town?
  Você pode deixar as crianças na escola a caminho da cidade?
- ▶ We **dropped off** our bags at the hotel and then went to explore the city.
  Deixamos as malas no hotel e saímos para explorar a cidade.
- ▶ You can **drop** me **off** here if you like. It's not far to walk.
  Você pode me deixar aqui, se quiser. Não é longe para ir a pé.
- ▶ Where would you like to **be dropped off**?
  Onde você gostaria de ficar?

Confirme

Use as frases em **Observe** como referência ao fazer os exercícios abaixo.

Significado

1 Se uma pessoa diz "**I'll drop you off at the station**", o que ela vai fazer?

  a Vai levar você de carro à estação.
  b Vai ajudar você a sair da estação.

2 Se uma pessoa diz "**I'll drop it off**", o que ela vai fazer?

  a Vai deixar algo cair da mão.
  b Vai entregar algo em algum lugar.

Gramática

3 Quais das frases abaixo estão gramaticalmente corretas?

  a I dropped my friends off.
  b I dropped off my friends.
  c I dropped them off.
  d I dropped off them.
  e They were dropped off.

Pratique

4 Complete as frases abaixo com uma forma apropriada de **drop somebody/something off** e um objeto:

  a Could you _____ outside the hotel, please?
  b I work near the library. Shall I _____ for you?
  c "Where _____ ?" "Just here will be fine, thanks."

5 Corrija o erro em <u>uma</u> das frases abaixo:

  a I was dropped off right outside my house, which was great.
  b Oh no! I forgot to drop off that package for my boss!
  c Sue's driving – why don't you ask her to drop off?

Amplie seu vocabulário

Antônimos

- ■ O oposto de **drop somebody/something off** é **pick somebody/something up**.
- ▶ Parents can **drop off** or **pick up** their children outside the school.
  Os pais podem deixar ou buscar seus filhos diante da escola.

→ RESPOSTAS **drop** sb/sth **off** na p.113

23 fall over

Observe

▶ I'm afraid that he might **fall over** again and hurt himself.
Temo que ele caia de novo e se machuque.

▶ She still can't walk properly – she keeps **falling over**.
Ela ainda não sabe andar direito, cai a toda hora.

▶ I just touched the vase and it **fell over**.
Simplesmente toquei no vaso e ele caiu.

Confirme

Use as frases em **Observe** como referência ao fazer os exercícios abaixo.

Significado

1 Use <u>duas</u> das palavras ou expressões abaixo para completar a definição de **fall over**:

a leyantar   c ficar de pé
b deitar   d cair

não conseguir ––––––––––––––––
e ––––––––––––––––– no chão

Gramática

2 Quais das frases abaixo estão gramaticalmente corretas?

a I fell over.
b I fell over the ground.
c I fell myself over.
d The bicycle fell over.
e The bicycle fell over it.

Pratique

3 Quais das frases abaixo seriam uma resposta lógica a esta pergunta?
Why did you fall over?

a I was sitting down.
b My foot slipped.
c I suddenly felt very dizzy.
d I was holding on to the wall.

4 Três das alternativas abaixo são objetos prováveis do verbo **fall over**. Quais são elas?

a uma grande pilha de livros sobre uma mesa
b um carro velho em uma estrada plana
c uma árvore alta em uma tempestade
d uma cadeira com uma perna quebrada
e a roda de uma bicicleta

Amplie seu vocabulário

Verbos semelhantes

■ **Fall over something** significa "tropeçar em algo e cair ou quase cair".

▶ She **fell over** a chair as she was trying to escape.
Ela tropeçou numa cadeira ao tentar fugir.

▶ You'd better move this box or somebody will **fall over** it.
É melhor você tirar esta caixa daqui ou alguém vai tropeçar.

■ O verbo **fall down** tem significado semelhante.

▶ If we don't repair the wall, it might **fall down**.
Se não consertarmos o muro, ele pode cair.

→ RESPOSTAS **fall over** na p.113

24 fill something in

Confirme

Use as frases em **Observe** como referência ao fazer os exercícios abaixo.

Significado

1 Use as palavras abaixo para completar a definição deste significado de **fill something in**:

a escrever **b** completar **c** formulário

_____ a informação necessária para _____ um documento (por exemplo, um _____ ou questionário)

Gramática

2 Quais das frases abaixo estão gramaticalmente corretas?

a He filled in the form.
b He filled it in.
c He filled in it.
d The form was filled in.

Pratique

3 Complete as frases com uma forma apropriada de **fill something in** e um dos objetos abaixo. Cada palavra ou expressão deve ser usada apenas uma vez.

> your personal details   it
> their forms   our questionnaire

a Thank you for _____
_____ .
This will help us to improve our services.

b About 35% of people had _____
_____ incorrectly.

c Once you have _____ ,
_____ click "OK" to continue.

d Here is the entry form, and here are some notes to help you _____
_____ .

Amplie seu vocabulário

Sinônimos

■ Também se usa **fill out a form** em vez de **fill in a form**.

▶ We've got lots of forms to **fill out**.
Temos muitos formulários para preencher.

▶ Simply **fill out** this questionnaire and return it to us by post.
Basta responder este questionário e enviá-lo de volta pelo correio.

→ RESPOSTAS **fill** sth **in** na p.113

25 fill something up

Observe

▶ He **filled** Daisy's glass **up** again.
Ele tornou a encher o copo da Daisy.

▶ My mother **filled up** the freezer for me before she went away.
Antes de ir embora, minha mãe encheu o congelador para mim.

▶ They were forced to give away tickets in order to **fill up** the hall.
Eles tiveram de distribuir as entradas de graça para encher o auditório.

▶ I keep emptying the box, but you keep **filling** it **up** again!
Estou sempre esvaziando a caixa, mas você não pára de enchê-la!

▶ We were so thirsty the water jug had to **be filled up** three times.
Estávamos com tanta sede que foi preciso encher a jarra de água três vezes.

Confirme

Use as frases em **Observe** como referência ao fazer os exercícios abaixo.

Significado

1 Quais das palavras abaixo podem ser objeto do verbo **fill up**?

a um copo
b um lugar
c um sanduíche
d uma mala
e um emprego
f uma encomenda
g um paletó

Gramática

2 Quais das frases abaixo estão gramaticalmente corretas?

a He filled the bottle up.
b He filled up the bottle.
c He filled it up.
d He filled up it.
e The bottle was filled up.

Pratique

3 Complete as frases abaixo com uma forma apropriada de **fill up** e um objeto:

a She emptied her glass and ⸻ again.
b If you want some more water, ⸻ from the tap.
c The freezer is almost empty! I only ⸻ last week!
d You don't need to ⸻ just to make one cup of tea!

Amplie seu vocabulário

Outros significados

■ É muito freqüente usar-se **fill something up** com o significado de "encher o tanque de gasolina do carro".

▶ We must **fill** the car **up** with petrol before we go.
Temos de encher o tanque antes de ir.

■ Também se usa **fill up** com este significado.

▶ Don't forget to **fill up** before we go. It's a long journey.
Não se esqueça de encher o tanque antes de sairmos.
A viagem é longa.

→ RESPOSTAS **fill** sth **up** na p.113

26 find out; find something out

Confirme

Use as frases em **Observe** como referência ao fazer os exercícios abaixo.

Significado

1 Qual dos verbos abaixo significa o mesmo que **find something out**?

a descobrir algo
b inventar algo
c saber algo

Gramática

2 Quais das frases abaixo estão gramaticalmente corretas?

a I found out.
b I found out the truth.
c I found it out.
d I found out it.

Pratique

3 **Find something out** geralmente é usado com palavras interrogativas. Imagine que você é um detetive particular e uma cliente lhe pediu que investigue um homem que a vem seguindo. Ela quer as respostas a estas perguntas. Complete as frases com a forma indireta da pergunta entre parênteses.

a (Who is he?)
I want you to find out who _____ .
b (Where does he live?)
Can you find out where _____ ?
c (When did he start following me?)
Please find out when _____ .
d (Why is he following me?)
I must find out _____ .
e (How does he know my name?)
I need to find out _____ .
f (What does he want?)
I have to find out _____ .

→ RESPOSTAS **find out**; **find** sth **out** na p.113

27 get in; get in something

Observe

- ▶ How did the burglars **get in**? Did they break a window?
  Como os ladrões entraram? Quebraram uma janela?
- ▶ He **got in** the truck and drove off.
  Ele entrou no caminhão e foi embora.
- ▶ It's not a very big car. Do you think all five of us will **get in** it?
  O carro não é muito grande. Você acha que nós cinco vamos caber?

Confirme

Use as frases em **Observe** como referência ao fazer os exercícios abaixo.

Significado

1 Quais das palavras abaixo podem ser objeto do verbo **get in**?

a um carro
b uma bicicleta
c um prédio
d um aposento
e um sofá
f uma cadeira

2 Qual das frases abaixo melhor traduz "**They got in the building**"?

a Eles tinham que entrar no prédio.
b Eles tentaram entrar no prédio.
c Eles conseguiram entrar no prédio.

Gramática

3 Quais das frases abaixo estão gramaticalmente corretas?

a We got in.
b We got in the car.
c We got the car in.
d We got in it.
e The car was got in.

Pratique

4 Complete as frases com uma forma apropriada de **get in** e um objeto, se necessário:

a Quick! _____ and fasten your seatbelt!
b She _____ and asked the driver to take her to the station.
c If you want to go to the museum, you can _____ free on Sundays.
d Oh no! Hide! I'll go under the bed and you _____!

Amplie seu vocabulário

Antônimos

■ O oposto de **get in; get in something** é **get out; get out of something**.

Verbos semelhantes

■ Veja também o verbo **get on; get on something**, que tem significado semelhante.

→ RESPOSTAS **get in**; **get in** sth na p.113

28 get off; get off something

Observe

▶ Is this where we **get off** the bus?
  É aqui que descemos do ônibus?
▶ Your bike's got a flat tyre. You'd better **get off** and walk.
  Sua bicicleta está com um pneu furado. É melhor você descer e andar.
▶ The teenager was last seen **getting off** a train in Oxford.
  A adolescente foi vista pela última vez desembarcando de um trem em Oxford.
▶ The bus stopped and three people **got off** it.
  O ônibus parou e três pessoas desceram.

Confirme

Use as frases em **Observe** como referência ao fazer os exercícios abaixo.

Significado

1 Qual das expressões abaixo significa o mesmo que **get off a train**?

  a desembarcar de um trem
  b embarcar num trem
  c viajar num trem

2 Quais das palavras abaixo podem ser objeto do verbo **get off**?

  a um ônibus   c um carro   e um navio
  b um trem   d uma bicicleta   f um caminhão

Gramática

3 Quais das frases abaixo estão gramaticalmente corretas?

  a He got off.
  b He got the train off.
  c He got off the train.
  d He got it off.
  e He got off it.
  f The train was got off.

Pratique

4 Complete as frases com uma forma apropriada de **get off** e um objeto, se necessário:

  a There was a problem at the airport when we landed, and they wouldn't let us _____ .
  b If you ask the driver, he'll tell you where you should _____ .
  c Sorry I'm late. I _____ at the wrong stop, and had to walk.
  d You can't cycle here! _____ at once!

Amplie seu vocabulário

Antônimos

■ O oposto de **get off; get off something** é **get on; get on something**.

Verbos semelhantes

■ Veja também o verbo **get out; get out of something**, que tem significado semelhante.

→ RESPOSTAS **get off**; **get off** sth na p.113

29 get on

Observe

▶ Do you **get on** with all the people you work with?
Você se dá bem com todas as pessoas com quem trabalha?

▶ Sarah and I **got on** well, and I missed her when she left.
Sarah e eu nos dávamos bem, e senti sua falta quando ela foi embora.

▶ She's not **getting on** very well with her parents at the moment.
Ela não está se entendendo muito bem com os pais no momento.

▶ How are you and Peter **getting on**?
Como é que você e Peter estão se dando?

▶ The three children **get on** very well together.
As três crianças se dão muito bem.

Confirme

Use as frases em **Observe** como referência ao fazer os exercícios abaixo.

Significado

1 Escolha <u>uma</u> das palavras abaixo para completar a definição deste significado de **get on**:

a mau   c de parentesco
b cordial   d difícil

ter um relacionamento _____ com alguém

Gramática

2 Quais das frases abaixo estão gramaticalmente corretas?

a They get on.
b They get on well.
c They get on their colleagues.
d They get on with their colleagues.
e Their colleagues are got on well with.

Pratique

3 Junte as duas partes para formar frases completas:

a My next-door neighbour and I
b My brother and I get on quite well
c I've always got on very well
d I used to get on better

i but we're very different.
ii with my mother than my father.
iii with my sister-in-law.
iv don't get on at all.

4 Who do y<u>ou</u> get on with?
Who don't y<u>ou</u> get on very well with?

Responda as perguntas com informações a seu respeito e uma forma apropriada de **get on**. Use como exemplos as frases completas do exercício anterior.

_____
_____
_____
_____

Amplie seu vocabulário

Sinônimos

■ Também se usa **get along** com este significado, especialmente em inglês americano.

▶ Russ and I have always **got along** really well.
Russ e eu sempre nos demos muito bem.

→ RESPOSTAS **get on** na p.113

30 get on; get on something

Observe

▶ The bus stopped to let more people **get on**.
O ônibus parou para que mais pessoas subissem.

▶ A young woman **got on** at the next station, but there were no seats left.
Na estação seguinte embarcou uma moça, mas não havia mais lugares.

▶ Her mobile phone rang just as she was **getting on** the train.
O celular dela tocou justo quando ela estava embarcando no trem.

▶ He **got on** his motorbike and rode away.
Ele subiu na moto e seguiu em frente.

▶ The bus was so full that we couldn't even **get on** it.
O ônibus estava tão cheio, que nem conseguimos entrar.

Confirme

Use as frases em **Observe** como referência ao fazer os exercícios abaixo.

Significado

1 Qual das expressões abaixo significa o mesmo que **get on a train**?

a desembarcar de um trem
b embarcar num trem
c viajar num trem

2 Quais das palavras abaixo podem ser objeto do verbo **get on**?

a um ônibus   d uma bicicleta
b um trem   e um navio
c um carro   f um caminhão

Gramática

3 Quais das frases abaixo estão gramaticalmente corretas?

a We got on.
b We got on the bus.
c We got the bus on.
d We got on it.
e The bus was got on.

Pratique

4 Complete as frases com uma forma apropriada de **get on** e um objeto, se necessário:

a He _____ and cycled off down the road.
b We waited in the departure lounge for two hours before they let us _____ .
c This train leaves in two minutes, so we'd better _____ .
d I _____ that took me straight to the airport from the main bus station.
e I think this bus goes to the city centre. Shall we _____ ?

Amplie seu vocabulário

Antônimos

■ O oposto de **get on; get on something** é **get off; get off something**.

Verbos semelhantes

■ Veja também o verbo **get in; get in something**, que tem significado semelhante.

→ RESPOSTAS **get on; get on** sth na p.113

31 get out; get out of something

Observe

▶ The driver's door opened and an elderly woman **got out**.
A porta do lado do motorista se abriu e uma senhora idosa saiu do carro.

▶ The doors and windows were locked and they couldn't **get out**.
As portas e janelas estavam trancadas e eles não conseguiam sair.

▶ I didn't **get out of** bed until after ten o'clock.
Só saí da cama depois das dez.

▶ The car was very small, but six people **got out of** it.
O carro era muito pequeno, mas saíram seis pessoas dele.

▶ I'm scared. Let's **get out of** here.
Estou com medo. Vamos sair daqui.

Confirme

Use as frases em **Observe** como referência ao fazer os exercícios abaixo.

Significado

1 Quais das palavras abaixo podem ser objeto do verbo **get out of**?

a um carro
b uma bicicleta
c um trem
d um prédio
e uma sala
f uma cadeira
g uma casa

2 Qual das frases abaixo melhor traduz "**They got out of the building**"?

a Eles tiveram de deixar o prédio.
b Eles tentaram deixar o prédio.
c Eles conseguiram deixar o prédio.

Gramática

3 Quais das frases abaixo estão gramaticalmente corretas?

a I got out.
b I got out of the car.
c I got it out of.
d I got out of it.
e The car was got out of.

Pratique

4 Complete as frases com uma forma apropriada de **get out (of something)** e uma das palavras abaixo, se necessário:

> here   the office

a It was crowded, but then lots of people _____ at the next station.

b Somehow the cat had climbed into the box and it couldn't _____ .

c Let's _____ . We can walk the rest of the way.

d I usually try to _____ for an hour at lunchtime.

Amplie seu vocabulário

Antônimos

■ O oposto de **get out; get out of some-thing** é **get in; get in something**.

Verbos semelhantes

■ Veja também o verbo **get off; get off something**, que tem significado semelhante.

→ RESPOSTAS **get out**; **get out of** sth na p.113

32 get out of something

Confirme

Use as frases em **Observe** como referência ao fazer os exercícios abaixo.

Significado

1 Qual das expressões abaixo <u>não</u> é uma definição deste significado de **get out of something**?

a evitar uma responsabilidade ou dever
b não fazer algo que se deveria fazer
c não fazer algo que se quer fazer

Gramática

2 Quais das frases abaixo estão gramaticalmente corretas?

a I got out the meeting.
b I got out of the meeting.
c I got out of to attend the meeting.
d I got out of attending the meeting.
e I got out of it.
f The meeting was got out of.

Pratique

3 **You don't want to go to a meeting. Can you get out of it?**

Responda **sim** ou **não** a cada frase:

a Your manager told you to go.
b No one will mind if you don't go.
c It's optional.
d It's compulsory.

4 Complete as frases com uma forma apropriada de **get out of something** e o que mais for necessário:

a We promised we'd go to the party – we can't _____ .
b He complained that the meal was terrible and tried _____ .
c He hated the science classes, but there was _____ .
d It's a very important meeting. I don't think I _____ .

Amplie seu vocabulário

Palavras derivadas

■ SUBSTANTIVO: **a get-out** (= *escapatória*)

▶ They're looking for an easy **get-out**.
Eles estão procurando uma maneira fácil de escapar.

→ RESPOSTAS **get out of** sth na p.113

33 get over somebody/something

Observe

- ► He didn't go out as he was still **getting over** the flu.
  Ele não saiu porque ainda estava se recuperando da gripe.
- ► Once he'd **got over** the shock of seeing me again, we had a good time.
  Depois que ele se recuperou do choque de me ver, nós nos divertimos.
- ► I loved Mark very much. It took me a long time to **get over** him.
  Eu amava muitíssimo o Mark. Levei muito tempo para esquecê-lo.
- ► My pride was hurt, but I'll **get over** it.
  Fiquei com o orgulho ferido, mas vou superar isso.
- ► He says he'll never **get over** losing her.
  Ele diz que jamais se recuperará do fato de tê-la perdido.

Confirme

Use as frases em **Observe** como referência ao fazer os exercícios abaixo.

Significado

1 Qual das definições abaixo mais se aproxima deste significado de **get over somebody/something**?

  a subir em algo
  b recuperar-se de algo
  c retornar de algum lugar

2 Quais das palavras abaixo podem ser objeto do verbo **get over**?

  a um choque   **c** um resfriado   **e** um divórcio
  b um emprego novo   **d** um casamento

Gramática

3 Quais das frases abaixo estão gramaticalmente corretas?

  a I got the illness over.
  b I got over the illness.
  c I got over it.

Pratique

4 Complete as frases com uma forma apropriada de **get over somebody/ something** e uma das palavras ou expressões no quadro. Cada uma deve ser usada apenas uma vez.

it now	the long flight
bronchitis	the shock
her homesickness	

  a It was the first time she'd been away from her family, but she soon _____ .
  b I couldn't join in with the singing, as I _____ .
  c When _____ , I started to make plans to spend my £1 million prize.
  d He had a bad case of flu, but he seems to _____ .
  e We spent the first day of our holiday _____ .

Amplie seu vocabulário

Verbos semelhantes

- ■ O verbo **get over** descreve uma ação.
  Para descrever um estado, usa-se normalmente **be over**.
- ► He had a nasty bout of flu, but he**'s over** it now.
  Ele teve uma gripe feia, mas já ficou bom.

→ RESPOSTAS **get over** sb/sth na p.113

34 get up; get somebody up

Observe

▶ What time do you have to **get up** tomorrow?
A que horas você tem de levantar amanhã?

▶ Hurry up! It's time to **get up**!
Depressa! Está na hora de levantar!

▶ It's always hard to **get** the children **up** in the morning.
É sempre difícil acordar as crianças de manhã.

▶ It's 8.30 and John's still in bed. I'd better go and **get** him **up**.
São 8:30 e John ainda está na cama. É melhor eu ir acordá-lo.

Confirme

Use as frases em **Observe** como referência ao fazer os exercícios abaixo.

Significado

1 Qual é o oposto de **get up**?

a acordar
b ir para a cama
c sair da cama

Gramática

2 Quais das frases abaixo estão gramaticalmente corretas?

a She got up.
b She got her son up.
c She got up her son.
d She got him up.
e She got up him.
f He was got up.

Pratique

3 Responda estas perguntas com informações a seu respeito e uma forma apropriada de **get up**:

a What time do you usually get up during the week?_____ .
b What about at the weekend?_____ .
c And this morning?_____ .
d What about tomorrow?_____ .

4 É quase meio-dia e o filho adolescente ainda está na cama. O que a mãe diz a ele?

_____ !

Amplie seu vocabulário

Verbos semelhantes

■ **Get up** descreve uma ação. Para descrever um estado, usa-se **be up**.

▶ He **was up** and dressed by six o'clock.
Às seis horas ele estava de pé e vestido.

■ Veja também o verbo **wake up; wake somebody up**, que tem significado semelhante.

→ RESPOSTAS **get up**; **get** sb **up** na p.114

35 give something away

Confirme

Use as frases em **Observe** como referência ao fazer os exercícios abaixo.

Significado

1 Escolha <u>uma</u> das expressões abaixo para completar a definição deste significado de **give something away**:

dar algo a alguém _____

a porque está quebrado
b em troca de outra coisa
c de presente

Gramática

2 Quais das frases abaixo estão gramaticalmente corretas?

a She gave her clothes away.
b She gave away her clothes.
c She gave them away.
d She gave away them.
e They were given away.

Pratique

3 Complete as frases com uma forma apropriada de **give something away** e um dos objetos abaixo. Cada palavra ou expressão deve ser usada apenas uma vez.

his old car	them	the rest
all his money	everything	

a Do you want one of these bananas? They were _____ free at the market.

b I had lots of spare tickets, so I sold four of them and _____ .

c He's very generous – he _____ when he bought the new one.

d Dave has decided to _____ to charity.

e I don't need this stuff. I've decided to _____ .

Amplie seu vocabulário

Palavras derivadas

■ SUBSTANTIVO: **a giveaway**
(= *uma oferta, um brinde*)

▶ We're offering 15 lucky readers five CDs in our great CD **giveaway**.
Estamos dando a 15 leitores felizardos cinco CDs em nossa grande distribuição de CDs.

■ ADJETIVO: **giveaway** (= *de ocasião*)

▶ The shop is closing down, so it's selling everything at **giveaway prices**.
A loja vai fechar, por isso está vendendo tudo a preços promocionais.

→ RESPOSTAS **give** sth **away** na p.114

36 give something out

Observe

▶ They were standing in the street **giving** leaflets **out** to passers-by.
Eles estavam parados na rua, distribuindo folhetos aos passantes.

▶ The conductor is the person on a bus who **gives out** tickets.
O cobrador do ônibus é a pessoa que vende as passagens.

▶ We made invitations and **gave** them **out** to our friends.
Fizemos convites e os distribuímos aos amigos.

▶ The papers **were given out** and we had an hour to do the test.
A prova foi entregue e tivemos uma hora para terminá-la.

Confirme

Use as frases em **Observe** como referência ao fazer os exercícios abaixo.

Significado

1 Qual dos verbos abaixo significa o mesmo que **give something out**?

a coletar algo
b distribuir algo
c apresentar algo

Gramática

2 Quais das frases abaixo estão gramaticalmente corretas?

a I gave the books out.
b I gave out the books.
c I gave them out.
d I gave out them.
e The books were given out.

Pratique

3 Complete as frases com uma forma apropriada de **give something out** e um dos objetos abaixo. Cada palavra ou expressão deve ser usada apenas uma vez.

free food	leaflets
exam papers	invitations

a She _____ to her wedding to all her colleagues.

b The teacher asked for silence and started _____ to all the students.

c The relief organizations had arrived and were _____ to the refugees.

d How is the campaign going? Do you need any help with _____ ?

Amplie seu vocabulário

Sinônimos

■ **Hand something out** tem o mesmo significado e é usado da mesma maneira.

Outros significados

■ **Give something out** também pode significar:

1 "produzir algo, como calor ou luz".

▶ That lamp doesn't **give out** a lot of light.
Esta lâmpada não é muito forte.

2 "dizer algo às pessoas ou divulgar algo".

▶ No details of the accident have been **given out** yet.
Ainda não divulgaram detalhes sobre o acidente.

→ RESPOSTAS **give** sth **out** na p.114

37 give up; give up something (1)

Observe

- ▶ I **give up** – tell me the answer.
  Desisto. Diga-me a resposta.
- ▶ I tried running, but I **gave up** after about ten minutes.
  Tentei correr, mas desisti depois de uns dez minutos.
- ▶ Nick tried to fix the car, but **gave up** the attempt after an hour.
  Nick tentou consertar o carro, mas desistiu depois de uma hora.
- ▶ It was so difficult that she was tempted to **give** it all **up**.
  Era tão difícil, que ela se sentiu tentada a desistir de tudo.
- ▶ In the end he **gave up** trying to explain it all to me.
  No final ele desistiu de tentar explicar-me tudo.

Confirme

Use as frases em **Observe** como referência ao fazer os exercícios abaixo.

Significado

1 Use <u>duas</u> das palavras abaixo para completar a definição deste significado de **give up (something)**:

a difícil c começar
b parar   d cansativo

_____ de tentar fazer algo, geralmente porque é _____ demais

Gramática

2 Quais das frases abaixo estão gramaticalmente corretas?

a He gave up.
b He gave up the attempt.
c He gave it up.
d He gave up it.
e He gave up to try.
f He gave up trying.

Pratique

3 Junte as duas partes para formar frases completas:

a They gave up the search
b We will not give up
c I was tempted to give up
d Don't give up trying

i   until we find the solution.
ii when it got dark.
iii unless you're sure you won't succeed.
iv and go home.

4 Reescreva as frases abaixo, mantendo o significado. Use uma forma apropriada de **give up (something)** e o que mais for necessário:

a Don't stop trying – I know you can do it!
  Don't _____ !
b I couldn't find him, and in the end I abandoned the search.
  _____ .
c He was exhausted, but he was determined to continue.
  _____ .

→ RESPOSTAS **give up**; **give up** sth na p.114

38 give up; give up something (2)

Observe

► Do you still smoke? You really should **give up**, you know.
Você ainda fuma? Você deveria realmente parar, sabia?

► Try **giving up** all animal milks and drinking soya milk instead.
Tente parar de tomar todo tipo de leite animal e tome leite de soja.

► No chocolate for me, thanks. I've **given** it **up**.
Não, obrigado. Deixei de comer chocolate.

► I **gave up** drinking coffee because it kept me awake at night.
Parei de tomar café porque me mantinha acordada à noite.

Confirme

Use as frases em **Observe** como referência ao fazer os exercícios abaixo.

Significado

1 Se uma pessoa diz "**I've given up smoking**", por que fez isso?

a Porque era difícil demais.
b Porque achou que fazia mal à saúde.
c Porque não lhe era permitido.

Gramática

2 Quais das frases abaixo estão gramaticalmente corretas?

a She gave up.
b She gave up coffee.
c She gave it up.
d She gave up it.
e She gave up to drink coffee.
f She gave up drinking coffee.

Pratique

3 Responda as perguntas abaixo com uma forma apropriada de **give up (something)** e o que mais for necessário:

a Do you still smoke?
Yes, I'm afraid so. I _____ .
b Would you like a coffee?
No thanks. _____ .

4 Are <u>you</u> trying to give up anything, or have you recently given up something? Is there anything you think you should give up?

Responda as perguntas com informações a seu respeito e uma forma apropriada de **give up (something)**:

_____
_____
_____

Amplie seu vocabulário

Antônimos

■ O oposto deste significado de **give up something** é **take up something**.

Verbos semelhantes

■ Veja o verbo **cut down; cut down on something**, que tem significado semelhante.

→ RESPOSTAS **give up**; **give up** sth na p.114

39 go off (1)

Observe

- ► The gun **went off** accidentally while he was holding it.
  A arma disparou acidentalmente enquanto ele a segurava.
- ► I heard that a bomb had **gone off** in the centre of town.
  Ouvi dizer que uma bomba explodiu no centro da cidade.
- ► "What's that noise?" "I think it's fireworks **going off** in the park."
  "O que é esse barulho?" "Acho que estão soltando fogos no parque."
- ► My alarm clock **goes off** every morning at seven.
  O meu despertador toca toda manhã às sete horas.
- ► Everybody had to leave the building when the fire alarm **went off**.
  Todo mundo teve de deixar o prédio quando o alarme de incêndio disparou.

Confirme

Use as frases em **Observe** como referência ao fazer os exercícios abaixo.

Significado

1 Complete as definições com uma das palavras ou expressões entre parênteses:

a If a bomb goes off, it (*falls /explodes*).
b If a gun goes off, it is (*dropped /fired*).
c If an alarm goes off, it makes a sudden (*loud noise /explosion*).

2 Quais das palavras abaixo podem ser sujeito do verbo **go off**?

a um incêndio
b uma bomba
c uma arma
d um ruído forte
e fogos de artifício
f um rádio

Gramática

3 Qual das frases abaixo está gramaticalmente correta?

a The bomb went off.
b He went off the bomb.
c The bomb was gone off.

Pratique

4 Complete as frases com uma forma apropriada de **go off** e o que mais for necessário:

a There was a loud bang when the bomb _____ .
b Be careful with those fireworks! They might _____ .
c Sorry I'm late. My alarm _____ .
d The thieves ran away when _____ .

Amplie seu vocabulário

Outros significados

■ Também se usa **go off** para se dizer que algo soltou um clarão repentino.
► When he finished his song, flashbulbs **went off** in the audience.
  Quando ele terminou de cantar, flashes dispararam na platéia.

→ RESPOSTAS **go off** na p.114

40 go off (2)

Confirme

Use as frases em **Observe** como referência ao fazer os exercícios abaixo.

Significado

1 Se alguém diz "**This milk has gone off**", quais das frases abaixo podem estar corretas?

 a O leite está com gosto ruim.
 b O leite cheira mal.
 c Alguém bebeu o leite.
 d O leite não está bom para se beber.
 e O leite está no lugar errado.

2 Qual das palavras abaixo não pode ser sujeito do verbo **go off**?

 a peixe
 b ovos
 c uma vaca
 d carne de vaca
 e creme

Gramática

3 Qual das frases abaixo está gramaticalmente correta?

 a Milk goes off quickly.
 b Milk goes off freshness quickly.
 c The milk was gone off.

Pratique

4 Complete as frases com uma forma apropriada de **go off** e o que mais for necessário:

 a Let's have chicken for dinner.
 We can't, the chicken _____ .
 b Well, perhaps we can cook the salmon?
 I'm afraid _____ .
 c How about an omelette? Are the eggs fresh?
 No, _____ .

Amplie seu vocabulário

Verbos semelhantes

■ Também se usa **be off** para descrever algo que não esteja bom para comer ou beber.
▸ This tea tastes funny. I think the milk **is off**.
Este chá está com um gosto esquisito. Acho que o leite está azedo.

→ RESPOSTAS **go off** na p.114

41 go on (1)

Observe

- ▶ I know things seem bad, but life must **go on**.
  Eu sei que as coisas não parecem boas, mas a vida tem de continuar.
- ▶ Things can't **go on** as they are. Something has to change.
  As coisas não podem continuar como estão. Algo tem de mudar.
- ▶ He didn't even look up. He just **went on** reading.
  Ele nem levantou os olhos. Simplesmente continuou lendo.
- ▶ She just **went on** with what she was doing as if I wasn't there.
  Ela simplesmente continuou o que estava fazendo, como se eu não estivesse ali.

Confirme

Use as frases em **Observe** como referência ao fazer os exercícios abaixo.

Significado

1 Associe as frases abaixo ao significado correspondente de **go on**:

a The situation went on for many years.
b She went on painting.

i continuar sem parar
ii continuar a acontecer ou existir

Gramática

2 Quais das frases abaixo estão gramaticalmente corretas?

a He went on.
b The work went on.
c He went on working.
d He went on with his work.
e He went on to work.

Pratique

3 Junte as duas partes para formar pequenos diálogos:

a You can't go on lying to him.
b She went on talking.
c We can't go on like this!

i How rude!
ii Yes, you're right.
It's time to tell him the truth.
iii Why not? What's wrong?

4 Complete as frases com uma forma apropriada de **go on** e o que mais for necessário:

a It's time for some changes around here. Things _____ .
b When I walked into the room, everybody _____ .

Amplie seu vocabulário

Palavras derivadas

- ■ ADJETIVO: **ongoing**
  (= *em andamento, contínuo*)
- ▶ Modernizing the system is an **ongoing** process.
  A modernização do sistema é um processo contínuo.

Sinônimos

- ■ O verbo **carry on** tem o mesmo significado e é usado da mesma maneira.

Outros significados

- ■ **Go on** também pode significar "durar".
- ▶ The class **goes on** until nine o'clock.
  A aula vai até as nove horas.

→ RESPOSTAS **go on** na p.114

42 go on (2)

Confirme

Use as frases em **Observe** como referência ao fazer os exercícios abaixo.

Significado

1 Qual dos verbos abaixo melhor traduz este significado de **go on**?

a aparecer
b acontecer
c existir

Gramática

2 Quais das frases abaixo estão gramaticalmente corretas?

a Something is going on.
b Somebody is going on.
c Nothing is going on.
d Something was gone on.

Pratique

3 Junte as duas partes para formar frases completas:

a The public meeting gave us a chance
b She's been very quiet lately. Do you think
c Everybody came running to see
d Don't you think people should know
e I have no idea

i what went on while I was away.
ii what's going on?
iii to find out what was going on.
iv what was going on.
v there's something going on?

4 Complete as frases com uma forma apropriada de **go on** e o que mais for necessário:

a I can hear somebody screaming. ⎯⎯⎯⎯⎯⎯⎯⎯⎯⎯⎯⎯⎯⎯⎯⎯⎯⎯⎯?
b Why is she so suspicious? There ⎯⎯⎯⎯⎯⎯⎯⎯⎯⎯⎯⎯⎯⎯⎯⎯⎯ .
c It was a long time ago, and I never discovered ⎯⎯⎯⎯⎯⎯⎯⎯⎯⎯⎯⎯ .

Amplie seu vocabulário

Palavras derivadas

■ SUBSTANTIVO: **goings-on**
(= *ocorrências, acontecimentos estranhos*)
[Este é um substantivo plural.]
▸ There have been some strange **goings-on** at their house.
Tem acontecido algumas coisas estranhas na casa deles.

→ RESPOSTAS **go on** na p.114

43 go out (1)

Observe

- ▶ We're **going out** for a meal. Do you want to come?
  Vamos sair para comer. Você quer vir?
- ▶ You look very smart this evening. Are you **going out**?
  Você está muito elegante esta noite. Vai sair?
- ▶ He **goes out** a lot.
  Ele sai muito.
- ▶ Jenny usually **goes out** with her friends on Friday evenings.
  Jenny geralmente sai com os amigos na sexta-feira à noite.

Confirme

Use as frases em **Observe** como referência ao fazer os exercícios abaixo.

Significado

1 Escolha a definição correta deste significado de **go out**:

a deixar um prédio e não voltar
b deixar sua casa para ir a um evento social
c deixar um lugar para ir a outro

Gramática

2 Qual das frases abaixo está gramaticalmente correta?

a We went out.
b We went out the house.
c We were gone out.

Pratique

3 Responda as perguntas com uma forma apropriada de **go out**, as expressões abaixo e o que mais for necessário:

> my friends   a party   a special meal

a Did you celebrate your wedding anniversary?
Yes, we _____.
b What do you do at weekends?
I usually _____.
c Is Jim here?
No, _____.

4 Estas frases são falsas ou verdadeiras em relação a você? Corrija as frases falsas.

a I always go out on Friday and Saturday evenings.
b I went out last night.
c My parents never let me go out when I was young.

Amplie seu vocabulário

Antônimos

- ■ O oposto deste significado de **go out** é **stay in**.
- ▶ Do you want to **go out** tonight or would you rather **stay in**?
  Você quer sair hoje à noite ou prefere ficar em casa?

→ RESPOSTAS **go out** na p.114

44 go out (2)

Observe

▶ They started **going out** together when they were still at school.
Eles começaram a namorar quando ainda estavam na escola.

▶ She's **going out** with her best friend's brother.
Ela está namorando o irmão da melhor amiga.

▶ He **went out** with her for a few months.
Ele a namorou por alguns meses.

▶ How long have you and Bruce been **going out**?
Há quanto tempo você está namorando Bruce?

▶ They **went out** for nearly a year, but they're not together any more.
Eles namoraram por quase um ano, mas já não estão juntos.

Confirme

Use as frases em **Observe** como referência ao fazer os exercícios abaixo.

Significado

1 Se uma pessoa lhe pergunta "**Are you going out with him?**", o que ela quer saber? Escolha <u>uma</u> resposta.

  a Você tem um bom relacionamento com ele?

  b Você costuma ir ao cinema ou a bares com ele?

  c Você está envolvida num relacionamento amoroso com ele?

Gramática

2 Quais das frases abaixo estão gramaticalmente corretas?

  a They are going out.
  b They are going out together.
  c He's going out with her.
  d He's going out together.

  ■ Este significado de **go out** costuma ser usado nos tempos progressivos.

Pratique

3 Reescreva as frases abaixo, mantendo o significado. Use uma forma apropriada de **go out** e o que mais for necessário:

  a Kate and Sam have been boyfriend and girlfriend for three years.

  b How long were those two together?

  c They had a relationship for years before they finally got married.

  d Do you have a boyfriend at the moment?

4 Escreva uma frase sobre um relacionamento amoroso que você está tendo ou já teve. Por exemplo:

I once had a Spanish boyfriend.
We went out for nearly a year, but then he went back to Spain.

→ RESPOSTAS **go out** na p.114

45 go out (3)

Observe

- There was a power cut and all the lights **went out**.
  Faltou eletricidade e todas as luzes se apagaram.
- Don't let the fire **go out**, please.
  Não deixe o fogo se apagar, por favor.
- The match **went out**, so he lit another one.
  O fósforo apagou-se e ele acendeu outro.

Confirme

Use as frases em **Observe** como referência ao fazer os exercícios abaixo.

Significado

1 Complete as frases com uma das palavras entre parênteses:

a If a light goes out, it stops (*shining/changing*).

b If a fire goes out, it stops (*spreading/burning*).

Gramática

2 Qual das frases abaixo está gramaticalmente correta?

a The lights went out.

b They went out the lights.

c The lights were gone out.

Pratique

3 A qual dos objetos abaixo **it** se refere em cada frase?

> a vela   o fogo   a chama   a lanterna

a I put more wood on it, but it still went out.

b It flickered, then went out.

c Don't put it by the window. It'll go out.

d It keeps going out. Maybe the battery is flat.

4 Responda as perguntas abaixo com uma forma apropriada de **go out** e o que mais for necessário:

a Why is it so cold?_____

b Who turned out the lights? Nobody. _____

Amplie seu vocabulário

Antônimos

- **Go off** tem o mesmo significado, mas é utilizado apenas em relação as luzes. O oposto deste significado é **go on** ou **come on**.
- We sat in the dark for ten minutes, then the lights suddenly **came on** again.
  Ficamos dez minutos sentados no escuro e de repente as luzes se acenderam de novo.
- There was a light **going on** and off up ahead in the distance.
  Havia uma luz acendendo e apagando ao longe.

Verbos semelhantes

- Veja também os verbos **put something out** e **turn something off**, que têm significados semelhantes.

→ RESPOSTAS **go out** na p.115

46 grow up

Observe

▶ They moved around a lot while the children were **growing up**.
Eles se mudaram várias vezes enquanto as crianças estavam crescendo.

▶ He wants to be a firefighter when he **grows up**.
Ele quer ser bombeiro quando crescer.

▶ I **grew up** in a big city.
Cresci numa cidade grande.

▶ Oh, **grow up**! Stop being so childish!
Ah, cresça! Deixe de ser tão infantil!

Confirme

Use as frases em **Observe** como referência ao fazer os exercícios abaixo.

Significado

1 Qual das expressões abaixo <u>não</u> se aproxima do significado de **grow up**?

a aumentar de tamanho, número, etc.
b tornar-se adulto
c passar a infância em determinado lugar ou de determinada maneira

Gramática

2 Quais das frases abaixo estão gramaticalmente corretas?

a Grow up!
b Grow yourself up!
c She grew up.
d She grew up her daughter.

Pratique

3 **Grow** ou **grow up**? Escolha a melhor alternativa. O verbo **grow up** é usado somente em relação a pessoas.

a Hasn't he *grown /grown up*! He's nearly as tall as his father now!
b That plant has really *grown /grown up* since the last time I saw it.
c Thomas and I *grew/grew up* together, so we're very close.

4 Responda estas perguntas a seu respeito com uma forma apropriada de **grow up** e o que mais for necessário:

a When you were a child, where did you live ?

_____

b What did you want to be when you were an adult?

_____

Amplie seu vocabulário

Palavras derivadas

■ ADJETIVO: **grown-up** (= *adulto*)
▶ They have three children, all of them **grown-up** now.
Eles têm três filhos, todos adultos agora.

■ SUBSTANTIVO: **a grown-up** (= *adulto*)
[Esta palavra é usada por crianças ou por adultos falando com crianças.]
▶ Do you want to come over here and sit with the **grown-ups**?
Você quer vir para cá e sentar-se com os adultos?

Verbos semelhantes

■ Veja também o verbo **bring somebody up**, que tem significado semelhante.

→ RESPOSTAS **grow up** na p.115

47 hang up; hang up something

Observe

▶ I said goodbye and **hung up**.
Eu me despedi e desliguei.

▶ The number you dialled is busy. Please **hang up** and try again.
O número para o qual você ligou está ocupado.
Queira desligar e tentar novamente.

▶ As soon as he **hung up** the phone, it rang again.
Assim que ele desligou, o telefone tocou de novo.

▶ Don't **hang up** on me, please. We need to talk.
Não desligue, por favor. Precisamos conversar.

Confirme

Use as frases em **Observe** como referência ao fazer os exercícios abaixo.

Significado

1 Se uma pessoa diz "**I hung up**", o que ela fez?

a Iniciou uma conversa telefônica.
b Continuou uma conversa telefônica.
c Terminou uma conversa telefônica.

Gramática

2 Quais das frases abaixo estão gramaticalmente corretas?

a I hung up.
b I hung up the phone.
c I hung up him.
d I hung up on him.

Pratique

3 Complete as frases com uma forma apropriada de **hang up (something)** e uma das palavras ou expressões abaixo. Cada uma deve ser usada apenas uma vez.

| immediately   on me   the phone   when we've finished |

a Do you want to speak to Mum, or shall I _____ ?
b When I answered the phone, the caller _____ .
c "What did he say?" "Nothing. He _____ !"
d "Sorry, wrong number," she said, _____ .

Amplie seu vocabulário

Outros significados

■ **Hang something up** também significa "pendurar algo num cabide, varal, etc".

▶ Shall I **hang** your coat **up** for you, sir?
Devo pendurar seu casaco, senhor?

▶ The wedding dress **was hung up** in the closet.
O vestido de noiva foi pendurado no armário.

→ RESPOSTAS **hang up**; **hang up** sth na p.115

48 have something on; have got something on

Observe

- She didn't **have** any lipstick **on**, which was unusual.
  Ela não estava usando batom, o que não era normal.
- I **had on** a pair of jeans and a T-shirt.
  Eu estava de jeans e camiseta.
- He **had** nothing **on**!
  Ele estava sem roupa!
- I can't see that. I **haven't got** my glasses **on**.
  Não consigo enxergar. Estou sem óculos.

Confirme

Use as frases em **Observe** como referência ao fazer os exercícios abaixo.

Significado

1 Qual das frases abaixo significa o mesmo que "**She had a new hat on**"?

a Ela estava usando um chapéu novo.
b Ela tinha um chapéu novo.
c Ela comprou um chapéu novo.

2 Quais das palavras abaixo não podem ser objeto de **have on** ou **have got on**?

a uma bolsa
b brincos
c maquiagem
d o cabelo
e um uniforme
f um relógio

Gramática

3 Quais das frases abaixo estão gramaticalmente corretas?

a He had a tie on.
b He had on a tie.
c He had it on.
d He had on it.
e The tie was had on.

Pratique

4 Somente uma das frases abaixo está correta. Corrija os erros nas outras:

a Today I'm having my favourite sweater on.
b Did she have anything nice on when you saw her?
c I was cold because I hadn't a coat on.

5 Responda estas perguntas com informações a seu respeito e uma forma apropriada de **have on** ou **have got on**:

a What are you wearing now?

_____

b What was your mother wearing last time you saw her?

_____

Amplie seu vocabulário

Outros significados

- Este verbo tem mais dois significados:
1 "manter algo ligado, aceso".
- I'm cold. Can we have the heating on?
  Estou com frio. Podemos ligar o aquecimentö?
2 "ter um compromisso, algo agendado".
- Have you got anything on tomorrow?
  Você tem algo marcado para amanhã?

→ RESPOSTAS **have** sth **on**; **have got** sth **on** na p.115

49 hold on

Observe

- ▶ **Hold on** a minute. I need to get my coat.
  Espere um minuto. Preciso pegar meu casaco.
- ▶ Can you **hold on**? I'll see if Mr Jones is free to take your call.
  Pode aguardar um momento? Vou ver se o Sr. Jones pode atender.
- ▶ Let's **hold on** for a few minutes and see if anyone else is coming.
  Vamos esperar alguns minutos e ver se vem mais alguém.
- ▶ **Hold on** a second! That doesn't sound right at all.
  Espere um segundo! Isso não parece nada certo.

Confirme

Use as frases em **Observe** como referência ao fazer os exercícios abaixo.

Significado

1 Se uma pessoa diz "**Hold on!**", o que ela quer que você faça?

- a Que pare o que está fazendo.
- b Que espere por algum tempo.
- c Que segure algo.

Gramática

2 Quais das frases abaixo estão gramaticalmente corretas?

- a Hold on.
- b Hold on the phone.
- c We held on for a few minutes.
- d We were held on for a few minutes.

Pratique

3 Em qual destas situações você não poderia usar o verbo **hold on**?

- a Quando você quer que a pessoa ao telefone espere.
- b Quando você está com pressa e alguém está sendo lento demais.
- c Quando você precisa pensar na resposta a uma pergunta.

4 O que você diria nestas situações? Responda as frases com o verbo **hold on**:

- a Seu amigo está pronto para sair, mas você precisa dar um rápido telefonema.
  _____
  _____

- b A aula já vai começar, mas somente metade da turma chegou. Você acha melhor esperar para ver se chegam mais alunos.
  _____
  _____

Amplie seu vocabulário

Sinônimos

- ■ O verbo **hang on** tem o mesmo significado e é usado da mesma maneira, especialmente em inglês britânico.
- ▶ **Hang on**, I'll be with you in a minute.
  Espere, falarei com você em um minuto.
- ▶ Can you **hang on**? I'll see if he's in.
  Pode esperar um minuto? Vou ver se ele está.

→ RESPOSTAS **hold on** na p.115

50 **hold** somebody/something **up**

Observe

▶ Roadworks on the motorway are **holding up** the traffic again.
As obras na estrada estão atrapalhando o trânsito de novo.

▶ Opposition to the road and a lack of cash have **held up** progress.
A oposição à construção da estrada e a falta de dinheiro atrasaram a obra.

▶ I'm sorry to be so slow. Am I **holding** people **up**?
Desculpe por demorar tanto. Estou atrasando as pessoas?

▶ Isn't Rose here yet? I'll go and see what's **holding** her **up**.
A Rose ainda não está aqui? Vou ver o que a está atrasando.

▶ John's not home yet. He must have **been held up** at the office.
John ainda não está em casa. Deve ter se atrasado no escritório.

Confirme

Use as frases em **Observe** como referência ao fazer os exercícios abaixo.

Significado

1 Escolha <u>duas</u> das palavras abaixo para completar a definição deste significado de **hold somebody/something up**:

a bloquear   **c** controlar
b cancelar   **d** retardar

_____ ou _____
o progresso de alguém ou algo

Gramática

2 Quais das frases abaixo estão gramaticalmente corretas?

a She held the meeting up.
b She held up the meeting.
c She held it up.
d She held up it.
e The meeting was held up.

Pratique

3 Complete as frases com uma das palavras ou expressões no quadro e a voz passiva do verbo **hold somebody/something up**. Cada palavra ou expressão deve ser usada apenas uma vez.

he	the boat	traffic	they

a I'm sorry my father is not here. _____ in Chicago on business.
b Sue and the kids are late. _____ in traffic.
c They had enough food for several days in case _____ by gales.
d Several roads were blocked, and _____ for over an hour.

4 Corrija o erro em <u>duas</u> das frases abaixo:

a I holded things up for an hour while I rearranged the furniture.
b She held everybody up by arguing with the waiter about the bill.
c Every time there's bad weather, the trains are being held up.

Amplie seu vocabulário

Palavras derivadas

■ SUBSTANTIVO: **a hold-up** (= *(causa de) atraso, obstáculo*)
▶ Why has the train stopped? What's the **hold-up**?
Por que o trem parou? Qual é a causa do atraso?

→ RESPOSTAS **hold** sb/sth **up** na p.115

51 keep up

Observe

▶ He was walking very fast and I almost had to run to **keep up**.
   Ele estava andando muito depressa e quase tive que correr para acompanhá-lo.

▶ Slow down! I can't **keep up**.
   Mais devagar! Não consigo acompanhar.

▶ The car behind went through a red light to **keep up** with us.
   O carro que vinha atrás passou um sinal vermelho para nos acompanhar.

▶ Jack was walking fast, but I **kept up** with him.
   Jack estava andando depressa, mas consegui acompanhar o passo dele.

Confirme

Use as frases em **Observe** como referência ao fazer os exercícios abaixo.

Significado

1 Qual das definições abaixo mais se aproxima deste significado de **keep up**?

a mover-se na mesma velocidade que alguém ou algo

b mover-se mais lentamente do que alguém ou algo

c mover-se mais depressa do que alguém ou algo

Gramática

2 Quais das frases abaixo estão gramaticalmente corretas?

a I couldn't keep up.

b I couldn't keep up him.

c I couldn't keep up with him.

d He couldn't be kept up with.

Pratique

3 Complete as frases com uma forma apropriada de **keep up** e o que mais for necessário:

a Hurry up! Please try
   _____ !

b You're walking too fast!
   _____ !

c We forgot that it would be difficult for little Joe to _____ .

4 **Keep up** ou **catch up**? Escolha a melhor alternativa. Use como referência a resposta do exercício em **Significado** e as informações sobre o verbo **catch up** na p. 9.

a He's too far ahead now.
   You'll never *catch up/keep up* with him.

b Let's wait here until the others *catch up/keep up*.

c We walked along together, Jim almost running to *catch up/keep up* with me.

Amplie seu vocabulário

Outros significados

■ Este verbo freqüentemente é usado com o significado de:

1 "progredir ou acelerar com a mesma velocidade de alguém ou algo".

▶ Wages are not **keeping up** with inflation.
   Os salários não estão acompanhando a inflação.

2 "conseguir lidar bem com uma situação que muda rapidamente".

▶ The company is finding it hard to **keep up** with demand.
   A companhia está encontrando dificuldade em atender a demanda.

→ RESPOSTAS **keep up** na p.115

52 leave somebody/something out; leave somebody/something out of something

Observe

- You've spelt Michael's name wrong. You've **left out** the "a".
  Você soletrou errado o nome de Michael. Deixou de fora a letra "a".
- I realized that I'd **left out** Jenny and went to get a cup for her.
  Percebi que havia me esquecido de Jenny e fui buscar uma xícara para ela.
- Can you check the guest list for me? I don't want to **leave** anyone **out**.
  Você poderia conferir a lista de convidados para mim?
  Não quero deixar ninguém de fora.
- Why did you decide to **leave** me **out of** the team?
  Por que você decidiu deixar-me fora do time?
- She **was** always **left out** when it was time to make important decisions.
  Ela era sempre deixada de fora quando se tomavam decisões importantes.

Confirme

Use as frases em **Observe** como referência ao fazer os exercícios abaixo.

Significado

1 Qual é o oposto de **leave somebody/something out**?

- **a** acrescentar alguém ou algo
- **b** incluir alguém ou algo
- **c** omitir alguém ou algo

2 Se uma pessoa diz **"I left it out"**, a decisão dela foi:

- **a** apenas acidental.
- **b** apenas intencional.
- **c** acidental ou intencional.

Gramática

3 Quais das frases abaixo estão gramaticalmente corretas?

- **a** I left Alison out.
- **b** I left out Alison.
- **c** I left her out.
- **d** I left out her.
- **e** Alison was left out.

Pratique

4 Complete as frases abaixo, mantendo o significado.
Use uma forma apropriada de **leave somebody/something out (of something)**:

- **a** Tell me what happened, and give me all the details!
  Tell me what happened, and don't _____ !
- **b** It seemed wrong not to invite Daisy, so she came along too.
  It seemed wrong _____ .
- **c** I wrote the number down, but I forgot to write the "0".
  I wrote the number down, but _____ .
- **d** David wasn't included in the team because of injury.
  David _____ .

→ RESPOSTAS **leave** sb/sth **out**; **leave** sb/sth **out of** sth na p.115

53 let somebody **down**

Observe

▶ When he missed that penalty, he felt that he'd **let** the team **down**.
Quando perdeu aquele pênalti, ele sentiu que havia decepcionado o time.

▶ We think that this government has **let down** particular communities.
Achamos que este governo decepcionou determinadas comunidades.

▶ Don't worry – I won't **let** you **down** this time, I promise.
Não se preocupe: não vou decepcioná-lo desta vez, prometo.

▶ He finds it hard to trust anyone – he's **been** badly **let down** in the past.
Ele acha difícil confiar em quem quer que seja, pois já se decepcionou muitas vezes.

Confirme

Use as frases em **Observe** como referência ao fazer os exercícios abaixo.

Significado

1 Se uma pessoa diz "**I was let down**", por que se sente assim?

a Porque alguém não lhe deu ajuda ou apoio da maneira como esperava.

b Porque ela quis dar ajuda ou apoio a alguém, mas esta pessoa não a deixou.

Gramática

2 Quais das frases abaixo estão gramaticalmente corretas?

a He let his parents down.
b He let down his parents.
c He let them down.
d He let down them.
e They were let down.

Pratique

3 Sua amiga prometeu levar você para jantar fora no seu aniversário, mas "**she let you down**". O que ela fez?

a Ela teve que trabalhar até um pouco mais tarde e mudou o encontro para uma hora depois.

b Ela se esqueceu e simplesmente não apareceu.

4 Reescreva as frases abaixo, mantendo o significado. Use uma forma de **let somebody down** e o que mais for necessário:

a If he promises that he'll do something for somebody, he always does it.
He never _____ .

b If I don't pass these exams, I'll feel that I've disappointed my parents.
If I fail, I'll feel _____ .

Amplie seu vocabulário

Palavras derivadas

■ SUBSTANTIVO: **a let-down** (= *uma decepção*)

▶ I enjoyed the movie but I thought the ending was rather a **let-down**.
Gostei do filme, mas achei o final uma decepção.

→ RESPOSTAS **let** sb **down** na p.115

54 log off; log off something

Observe

▶ Don't forget to **log off** when you've finished using the computer.
Não se esqueça de fazer o log-off quando terminar de usar o computador.
▶ How do I **log off** from the database?
Como me desconecto da base de dados?
▶ When you've finished your work, **log off** the system.
Quando terminar de trabalhar, desconecte-se do sistema.
▶ If you don't like this site, just **log off**.
Se não gostar deste site, basta desconectar-se.

Confirme

Use as frases em **Observe** como referência ao fazer os exercícios abaixo.

Significado

1 Escolha <u>um</u> dos verbos abaixo para completar a definição de **log off (something)**:

a começar a
b terminar de
c continuar a

executar as ações que lhe permitam
_____ usar um sistema de computador

Gramática

2 Quais das frases abaixo estão gramaticalmente corretas?
a I logged off.
b I logged the computer off.
c I logged off the computer.
d I logged it off.

■ Este verbo também é usado na forma **be logged off**.
▶ You **are** now **logged off**.
Você agora está desconectado.

Pratique

3 Complete as frases com uma forma apropriada de **log off (something)**:

a It is especially important to_____ if you share a computer with someone else.
b If you have problems _____ , please email our webmaster.
c You have just _____ and ended your session. Come back soon!

Amplie seu vocabulário

Sinônimos

■ Também se usa **log out; log out of something** com este significado.
▶ You have successfully **logged out** (**of** the system).
Você se desconectou (do sistema).

Antônimos

■ O oposto de **log off; log off something** é **log on; log onto something**.
▶ If your system is running slowly, try **logging off** and then **logging on** again.
Se seu sistema estiver lento, tente desconectar-se e conectar-se novamente.

→ RESPOSTAS **log off**; **log off** sth na p.115

55 log on; log onto something

Observe

▶ Can you show me how to **log on**?
Você pode me mostrar como fazer o login?

▶ Close all programs and **log on** as a different user.
Feche todos os programas e conecte-se com um nome de usuário diferente.

▶ I don't know how to **log onto** this machine.
Não sei como fazer o login nesta máquina.

▶ It's a great website and hundreds of people are **logging onto** it every day.
O site é ótimo e está sendo visitado por centenas de pessoas todos os dias.

Confirme

Use as frases em **Observe** como referência ao fazer os exercícios abaixo.

Significado

1 Escolha <u>um</u> dos verbos abaixo para completar a definição de **log on; log onto something**:

a começar a
b continuar a
c terminar de

executar as ações que lhe permitam _____ usar um sistema de computador

Gramática

2 Quais das frases abaixo estão gramaticalmente corretas?

a I logged on.
b I logged the computer on.
c I logged onto the computer.
d I logged it on.
e I logged onto it.

■ Este verbo também é comum na forma **be logged on**.

▶ You **are** now **logged on**.
Você agora está conectado.

Pratique

3 Complete as frases com uma forma apropriada de **log on** ou **log onto something** e um dos objetos abaixo, se necessário:

> the system   the Internet

a Every evening she _____ to check the news.
b You can't _____ without a user name and password.
c Press CTRL + ALT + DELETE to _____ .

Amplie seu vocabulário

Palavras derivadas

■ SUBSTANTIVO: **a logon** (= *um login*)
▶ All successful **logons** are recorded.
Todos os logins bem-sucedidos ficam registrados.

Sinônimos

■ Também se usa **log in; log into something** com este significado.

Antônimos

■ O oposto de **log on; log onto something** é **log off; log off something**.

→ RESPOSTAS **log on**; **log onto** sth na p.116

56 look after somebody/something/yourself

Observe

▶ She found that **looking after** two young children on her own was not easy.
Ela descobriu que não era fácil cuidar sozinha de duas crianças pequenas.

▶ Who's **looking after** the apartment while Amy and Ben are away?
Quem está cuidando do apartamento enquanto Amy e Ben estão viajando?

▶ That bike was expensive. You should **look after** it.
Aquela bicicleta custou muito. Você deveria cuidar dela.

▶ He was sixteen, and he felt that he was old enough to **look after** himself.
Ele tinha dezesseis anos e achava que tinha idade suficiente para cuidar de si mesmo.

▶ My sister is still very ill and is **being looked after** by our parents.
Minha irmã ainda está muito doente e nossos pais estão cuidando dela.

Confirme

Use as frases em **Observe** como referência ao fazer os exercícios abaixo.

Significado

1 Complete as definições com uma das alternativas entre parênteses:

a **Look after somebody** significa "providenciar para que alguém esteja (*seguro/feliz*)".

b **Look after something** significa "providenciar para que algo esteja (*seco/em bom estado*)".

Gramática

2 Quais das frases abaixo estão gramaticalmente corretas?

a I looked my brother after.
b I looked after my brother.
c I looked him after.
d I looked after him.
e My brother was looked after by me.

Pratique

3 Complete as frases com uma forma apropriada de **look after somebody/something/yourself** e um dos objetos abaixo. Cada palavra ou expressão deve ser usada apenas uma vez.

| himself   him   children   your clothes |

a When he was in hospital, the nurses _____ very well.
b Stop worrying about Tom! He's quite old enough to _____ .
c You can always ask Kath to babysit. She loves _____ .
d Your new coat is dirty already! I wish you would _____ .

Amplie seu vocabulário

Sinônimos

■ **Care for** e **take care of** significam a mesma coisa que **look after**. **Care for** é mais formal. **Look after** é mais usado em inglês britânico e **take care of**, em inglês americano.

▶ She has a new job, **caring for** elderly patients.
Ela está num emprego novo, cuidando de pacientes idosos.

▶ You should **take care of** your clothes if you want them to last.
Você deveria cuidar de suas roupas se quer que elas durem.

→ RESPOSTAS **look after** sb/sth/yourself na p.116

57 look for somebody/something

Observe

▶ I'm **looking for** my watch. Have you seen it?
Estou procurando meu relógio. Você o viu?

▶ Jack **looked for** his name on the list but couldn't find it.
Jack procurou o nome dele na lista, mas não o achou.

▶ Where have you been? We've been **looking for** you everywhere.
Onde é que você estava? Procuramos você por toda parte.

▶ He'd lost some files, and we spent over an hour **looking for** them.
Ele havia perdido uns arquivos, e passamos mais de uma hora procurando-os.

▶ What are you **looking for**?
O que você está procurando?

▶ I'm **looking for** a job at the moment, but it's hard to find one that is suitable.
Estou procurando emprego, mas é difícil achar um adequado.

Confirme

Use as frases em **Observe** como referência ao fazer os exercícios abaixo.

Significado

1 Qual das expressões abaixo significa o mesmo que **look for somebody/something**:

a observar alguém ou algo
b buscar alguém ou algo
c cuidar de alguém ou algo

Gramática

2 Quais das frases abaixo estão gramaticalmente corretas?

a He is looking for his brother.
b He is looking his brother for.
c He is looking for him.
d He is looking him for.

Pratique

3 Complete as frases com <u>uma</u> forma apropriada de **look for somebody/something** e um dos objetos abaixo. Cada palavra ou expressão deve ser usada apenas uma vez.

| her son   her contact lenses   a blue shirt   it   an apartment |

a *(em uma loja)* "Can I help you?""Yes, I _____ ."
b Have you seen my black scarf? I've _____ everywhere.
c Clare was on her hands and knees, _____ .
d She was frantically _____ , who had run off somewhere.
e My journey to work takes too long. I'm going _____ in the centre of town.

4 Corrija o erro em <u>uma</u> das frases abaixo:

a If you're looking for a cheap second-hand car, you've come to the right place!
b Is this the book you were looking for?
c Sarah lost her keys, so we spent ages looking for it all over the house.

→ RESPOSTAS **look for** sb/sth na p.116

58 look forward to something

Observe

- ► Are you **looking forward to** the wedding?
  Você está animado para o casamento?
- ► I'm **looking forward to** seeing Jane and Peter again, aren't you?
  Estou ansiosa para ver Jane e Peter de novo. Você não?
- ► We're going to France next week. I'm really **looking forward to** it.
  Vamos à França na próxima semana. Não vejo a hora de ir.
- ► Anna **looked forward to** the day when she could go home.
  Anna esperava ansiosa pelo dia em que poderia voltar para casa.
- ► I wasn't **looking forward to** going to the dentist again!
  Eu não estava com vontade alguma de ir ao dentista de novo!

Confirme

Use as frases em **Observe** como referência ao fazer os exercícios abaixo.

Significado

1 Escolha a definição correta de **look forward to something**:

a olhar para algo que está à sua frente
b ficar animado com algo que vai acontecer no futuro
c pensar em algo que talvez aconteça no futuro

Gramática

2 Quais das frases abaixo estão gramaticalmente corretas?

a She's looking forward to the party.
b She's looking forward to it.
c She's looking forward to leave.
d She's looking forward to leaving.

Pratique

3 Corrija o erro em <u>três</u> das frases abaixo:

a I'm looking forward the party very much – all my friends are coming.
b What time is your brother arriving? I'm really looking forward to meet him.
c Finally the day of the wedding arrived. I'd been looking forward to it for ages.
d The mail only came once a week, so we always looked forward to.

4 Is there anything <u>you</u> are looking forward to? What are you <u>not</u> looking forward to?

Escreva algumas frases a seu respeito, usando uma forma apropriada de **look forward to something** e o que mais for necessário:

_____
_____
_____

Amplie seu vocabulário

Outros significados

- ■ **Look forward to** costuma ser empregado no final de cartas formais.
- ► I **look forward to** hearing from you soon.
  Aguardo uma resposta sua em breve.
- ► **Looking forward to** meeting you next week.
  Na expectativa do nosso encontro na próxima semana.

→ RESPOSTAS **look forward to** sth na p.116

59 look something up

Confirme

Use as frases em **Observe** como referência ao fazer os exercícios abaixo.

Significado

1 Complete a definição de **look something up** com uma das palavras entre parênteses:

(*adivinhar/procurar*)
uma palavra ou (*informação/nomes*)
em um livro ou em um computador

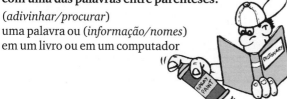

Gramática

2 Quais das frases abaixo estão gramaticalmente corretas?

a He looked the word up.
b He looked up the word.
c He looked it up.
d He looked up it.
e He looked him up.

Pratique

3 Corrija o erro gramatical em <u>uma</u> das frases abaixo:

a I enjoy using a dictionary and looking up new words.
b I usually look up new words up in a bilingual dictionary.
c I only use the Internet as a resource, for looking up useful information.
d I don't know where Brunei is – I would have to look it up on a map.

4 Complete as frases com uma forma apropriada de **look up** e um dos objetos abaixo:

her number	it	something

a Every time I try to _____ , the Internet crashes.
b Why don't you _____ in the phone book if you want to talk to her?
c The next train leaves at six o'clock. I _____ on the timetable.

Amplie seu vocabulário

Palavras derivadas

■ SUBSTANTIVO: **look-up** (= *busca, consulta*)
▶ The new software has an instant **look-up** facility, which is useful for reading web pages.
O novo software tem um recurso de busca instantânea, que é útil para ler páginas da Internet.

→ RESPOSTAS **look** sth **up** na p.116

60 make something up

▶ I don't believe you! You've **made up** the whole story.
Não acredito! Você inventou a história toda.

▶ She loves singing and even **makes up** her own songs.
Ela adora cantar, e até inventa as próprias canções.

▶ He didn't know the true facts so he **made** them **up**.
Ele não conhecia os fatos reais, então os inventou.

▶ The figures are not real but have **been made up** as an example.
Os números não são reais, foram inventados como exemplo.

Confirme

Use as frases em **Observe** como referência ao fazer os exercícios abaixo.

Significado

1 Qual das definições abaixo mais se aproxima deste significado de **make something up**?

a enfatizar algo
b imaginar algo
c inventar algo

Gramática

2 Quais das frases abaixo estão gramaticalmente corretas?

a He made up an excuse.
b He made it up.
c He made up it.
d The story was made up by a child.

Pratique

3 Responda as perguntas abaixo com uma forma apropriada de **make up** e um objeto:

a Do you believe him?
No, I think he _____ .
b Is this a true story?
No, it _____ .
c What excuse did you give for being late?
Oh, I _____ .
d I don't think you're telling the truth.
I promise I _____ .

4 Corrija os erros em <u>duas</u> das frases abaixo:

a Of course it's not true! I made it all up!
b Most of what was written about her in the papers had made up.
c He can't have make up all that stuff about the army, can he?

Amplie seu vocabulário

Palavras derivadas

■ ADJETIVO: **made-up** (= *inventado, fictício*)
▶ It was a true story, not a **made-up** one.
A história era verdadeira, não era inventada.

→ RESPOSTAS **make** sth **up** na p.116

61 own up; own up to something

Confirme

Use as frases em **Observe** como referência ao fazer os exercícios abaixo.

Significado

1 Qual das definições abaixo mais se apróxima do significado de **own up (to something)**:

a admitir que se é responsável por algo que aconteceu

b dizer que algo lhe pertence

c sentir-se culpado por algo que aconteceu

Gramática

2 Quais das frases abaixo estão gramaticalmente corretas?

a She owned up.
b She owned up her mistake.
c She owned up to her mistake.
d She owned up to it.
e She owned up to make a mistake.
f She owned up to making a mistake.
g The mistake was owned up to.

Pratique

3 Se uma pessoa diz "**I'm going to own up to it**", quais das frases abaixo ela poderia dizer depois?

a It was my idea!
b It was him!
c It wasn't me!
d I did it!
e I don't know who did it!

4 Complete as frases com uma forma apropriada de **own up (to something)**:

a Eventually the boys _____ inventing the story as a joke.

b When none of the staff _____ , they all lost their jobs.

c If the person responsible _____ , they won't be punished.

d In the end I felt so guilty that I had to
_____

e She was close to tears as she _____ taking the money.

f For some reason he refuses to _____ his mistakes.

→ RESPOSTAS **own up**; **own up to** sth na p.116

62 pick somebody/something up (1)

Observe

▶ He **picked up** my bags and took them to my room.
Ele apanhou minhas malas e levou-as para meu quarto.
▶ **Pick** your books **up** off the floor, please.
Recolha seus livros do chão, por favor.
▶ If the baby starts crying, **pick** him **up**.
Se o bebê começar a chorar, pegue-o no colo.
▶ Maria was crying to **be picked up** and carried.
Maria estava chorando para que a pegassem no colo e a carregassem.

Confirme

Use as frases em **Observe** como referência ao fazer os exercícios abaixo.

Significado

1 Qual dos verbos abaixo mais se aproxima deste significado de **pick somebody/something up**?

a carregar alguém ou algo
b escolher alguém ou algo
c levantar alguém ou algo
d segurar alguém ou algo

Gramática

2 Quais das frases abaixo estão gramaticalmente corretas?

a I picked the pen up.
b I picked up the pen.
c I picked it up.
d I picked up it.
e The pen was picked up.

Pratique

3 Complete as frases com uma forma apropriada de **pick up** e um dos objetos abaixo. Cada palavra ou expressão deve ser usada apenas uma vez.

> her clothes   her   it   my credit card   a card

a He dropped his hat, so I _____ for him.
b When it's your turn, you have to _____ from the pile.
c She was so heavy that I could only just _____ .
d I spent a few minutes _____ off the floor and hanging them in the closet.
e Did you _____ by mistake? I think I left it on the table.

Amplie seu vocabulário

Expressões idiomáticas

pick up the pieces (= *juntar os pedaços*)
■ Esta expressão idiomática significa "normalizar ou ajudar alguém a normalizar uma situação, especialmente depois de um choque ou de uma catástrofe".
▶ He walked out on his family, leaving his wife to **pick up the pieces**.
Ele abandonou a família e deixou todos os problemas para a esposa resolver.

Antônimos

■ O oposto deste significado de **pick somebody/something up** é **put somebody/something down**.

→ RESPOSTAS **pick** sb/sth **up** na p.116

63 pick somebody/something up (2)

Confirme

Use as frases em **Observe** como referência ao fazer os exercícios abaixo.

Significado

1 Se uma pessoa diz "**I'll pick you up**", o que ela vai fazer?

a ajudar você a ir a algum lugar
b pegar você (com o carro dela) e levá-lo a algum lugar

2 Qual dos verbos abaixo mais se aproxima deste significado de **pick somebody/something up**?

a buscar alguém ou algo
b encontrar alguém ou algo
c escolher alguém ou algo

Gramática

3 Quais das frases abaixo estão gramaticalmente corretas?

a He picked the tickets up.
b He picked up the tickets.
c He picked them up.
d He picked up them.
e The tickets were picked up.

Pratique

4 Complete as frases com uma forma apropriada de **pick somebody/ something up** e um dos objetos abaixo. Cada palavra ou expressão deve ser usada apenas uma vez.

the tickets	you
his suitcase	the children

a I can't meet you at 3.30. I have to _____ from school.

b We need to _____ from the Box Office.

c I'm working late tonight. I can't _____ until eight.

d He went home first and _____ before driving to the airport.

Amplie seu vocabulário

Palavras derivadas

■ SUBSTANTIVO: **a pickup**
(= *uma parada para pegar alguém ou algo*)

▶ The bus driver made several **pickups** before heading for the airport.
O motorista do ônibus fez várias paradas para recolher passageiros antes de seguir para o aeroporto.

Antônimos

■ O oposto deste significado de **pick somebody/something up** é **drop somebody/something off**.

Outros significados

■ **Pick somebody up** também significa "parar e deixar alguém entrar no seu carro".

▶ I was warned never to **pick up** hitchhikers.
Alertaram-me para nunca dar carona.

→ RESPOSTAS **pick** sb/sth **up** na p.116

64 put something away

Observe

▸ When the bell rang, the students quickly **put** their books **away**.
Quando o sinal tocou, os alunos guardaram rapidamente os livros.

▸ He always **puts away** his toys when he's finished playing with them.
Ele sempre guarda os brinquedos quando termina de brincar com eles.

▸ I carefully folded all my winter clothes and **put** them **away** in the cupboard.
Dobrei cuidadosamente todas as minhas roupas de inverno e as guardei no armário.

▸ To her surprise, she found that all the dishes had **been** washed and **put away**.
Para sua surpresa, ela descobriu que todos os pratos tinham sido lavados e guardados.

Confirme

Use as frases em **Observe** como referência ao fazer os exercícios abaixo.

Significado

1 Escolha a definição correta deste significado de **put something away**:

a pôr algo bem longe porque você não o quer por perto

b pôr algo no lixo porque você não o quer

c pôr algo numa caixa, gaveta, etc. porque você terminou de usá-lo

Gramática

2 Quais das frases abaixo estão gramaticalmente corretas?

a He put his things away.

b He put away his things.

c He put them away.

d He put away them.

e His things were put away.

Pratique

3 Complete as frases com uma forma apropriada de **put something away** e um dos objetos abaixo. Cada palavra ou expressão deve ser usada apenas uma vez.

| them | the car | it |
| your toys | the cakes | |

a You'd better _____ before I eat them all!

b Do you want to listen to this CD again or shall I _____?

c Stop playing and _____ now, Tim. It's time for bed.

d I think I'll _____ in the garage – it's safer than leaving it in the street.

e Why do you always leave your clothes on the floor? Why can't you _____?

4 Responda as perguntas abaixo com uma forma apropriada de **put something away** e o que mais for necessário:

a Have you finished with the dictionary?
_____
_____
_____

b Where's the milk?
_____
_____

→ RESPOSTAS **put** sth **away** na p.116

65 put somebody/something down

Observe

▸ She's always **putting** her glasses **down** somewhere and losing them.
Ela está sempre largando os óculos em algum lugar e perdendo-os.

▸ At the end of the exam the teacher told everyone to **put down** their pens.
No fim do exame, o professor mandou todo mundo pôr a caneta sobre a carteira.

▸ The book was so good that I couldn't **put** it **down**.
O livro era tão bom que eu não conseguia parar de ler.

▸ **Put** me **down**, Mummy!
Ponha-me no chão, mamãe!

▸ He heard the sound of the phone **being put down**.
Ele ouviu o som do fone sendo colocado no gancho.

Confirme

Use as frases em **Observe** como referência ao fazer os exercícios abaixo.

Significado

1 Qual das frases abaixo não é uma definição correta deste significado de **put somebody/something down**?

a pôr alguém ou algo em cima de uma mesa ou outra superfície

b deixar alguém ou algo cair no chão ou sobre outra superfície

c pôr no chão alguém ou algo que se está segurando

Gramática

2 Quais das frases abaixo estão gramaticalmente corretas?

a I put the bag down.
b I put down the bag.
c I put it down.
d I put down it.
e The bag was put down on the floor.

Pratique

3 Complete as frases com uma forma apropriada de **put somebody/something down** e o que mais for necessário:

a She's got too many things in her hands! Why doesn't she _____ ?
b The police told the robbers to _____ .
c This book's great! I _____ .
d The baby's gone to sleep on your shoulder. _____ .

Amplie seu vocabulário

Antônimos

■ O oposto deste significado de **put somebody/something down** é **pick somebody/something up**.

▸ She walked nervously around the room, **picking** things **up** and **putting** them **down** again.
Ela andava nervosamente pela sala, pegando coisas do chão e colocando-as de volta.

→ RESPOSTAS **put** sb/sth **down** na p.117

66 put somebody **off**; put somebody **off** something (1)

Observe

▶ His manner tends to **put** people **off**.
A atitude dele tende a desencorajar as pessoas.

▶ Don't tell Lisa how hard the course is – you'll **put** her **off**!
Não diga à Lisa que o curso é assim difícil. Você a desanimará!

▶ They did their best to **put** their son **off** the idea of acting as a career.
Eles fizeram de tudo para dissuadir o filho de seguir a carreira do ator.

▶ It's the smell of garlic that **puts** a lot of people **off** it.
É o cheiro do alho que desagrada a muita gente.

▶ The accident **put** me **off** driving for a long time.
O acidente me deixou sem vontade de dirigir por muito tempo.

▶ Don't **be put off** by his appearance – he's really very nice.
Não se incomode com a aparência dele. Na verdade ele é muito simpático.

Confirme

Use as frases em **Observe** como referência ao fazer os exercícios abaixo.

Significado

1 Qual das definições de **put somebody off** **(something)** <u>não</u> está correta?

a fazer alguém deixar de gostar de algo
b tornar alguém interessado em algo
c fazer alguém perder o interesse por algo

Gramática

2 Quais das frases abaixo estão gramaticalmente corretas?

a It put John off.
b It put John off his food.
c It put John off to eat his food.
d It put John off eating his food.
e It put him off.
f John was put off.

Pratique

3 Reescreva as frases, mantendo o significado.
Use uma forma apropriada de **put somebody off** **(something)** e o que mais for necessário:

a After the accident James didn't want to ride a bike for a long time.
The accident _____ .

b Don't worry about the cost of the book.
Don't be _____ .

c I stopped liking him because of his political views.
His political views _____ .

Amplie seu vocabulário

Palavras derivadas

■ ADJETIVO: **off-putting** (= *desagradável*)
▶ He seemed friendly enough, but he had a rather **off-putting** manner.
Ele parecia bem cordial, mas tinha uma atitude bastante desagradável.

→ RESPOSTAS **put** sb **off**; **put** sb **off** sth na p.117

67 **put** somebody **off**; **put** somebody **off** something (2)

Observe

▶ The manager complained that the noise of the crowd had **put** his players **off**.
O técnico se queixou de que o barulho da multidão havia atrapalhado os jogadores.

▶ Don't stand there watching me – you're **putting** me **off**!
Não fique aí parada me olhando. Você está me distraindo!

▶ The loud music **put** Ben **off** his work.
A música alta tirava a atenção de Ben de seu trabalho.

▶ In the exam I **was** rather **put off** by somebody coughing.
Durante o exame eu me desconcentrei bastante com alguém que não parava de tossir.

Confirme

Use as frases em **Observe** como referência ao fazer os exercícios abaixo.

Significado

1 Escolha a definição correta deste significado de **put somebody off (something)**:

a perturbar alguém que está tentando concentrar toda a atenção em algo

b cancelar algo que se combinou com alguém

Gramática

2 Quais das frases abaixo estão gramaticalmente corretas?

a The noise put Ben off.
b The noise put Ben off his work.
c The noise put off Ben his work.
d The noise put him off.
e Ben was put off by the noise.

Pratique

3 Complete as frases com uma forma apropriada de **put somebody off (something)** e o que mais for necessário:

a How can you work while the TV's on? Doesn't_____?

b I don't want my friends to come and watch me play.
They_____.

c I didn't realize you were trying to work. I can turn the radio off if
_____.

4 Corrija os erros em <u>três</u> das frases abaixo:

a It had started to rain, but this didn't put off her at all.

b If I want to do well, I mustn't let anything put off my work this week.

c The children all sat at the front and tried to put off the teacher.

d The noise of the traffic was putting her off, so she closed the window.

Amplie seu vocabulário

Palavras derivadas

■ ADJETIVO: **off-putting**
(= *desconcertante*)

▶ Some children find it **off-putting** to have a teacher watching them while they work.
Algumas crianças acham desconcertante que o professor fique olhando enquanto elas fazem os exercícios.

→ RESPOSTAS **put** sb **off**; **put** sb **off** sth na p.117

68 put something off

Confirme

Use as frases em **Observe** como referência ao fazer os exercícios abaixo.

Significado

1 Qual dos verbos abaixo significa o mesmo que **put something off**?

a cancelar algo
b adiar algo
c recusar algo
d impedir algo

Gramática

2 Quais das frases abaixo estão gramaticalmente corretas?

a She put her visit off.
b She put off her visit.
c She put it off.
d She put off it.
e Her visit was put off.

Pratique

3 Reescreva os trechos em *itálico* nas frases abaixo, mantendo o significado. Use uma forma apropriada de **put something off** e um objeto:

a I'm afraid I have no time for the meeting today.
  Can we leave it until tomorrow?

  _____.

b This job must be done today – *it cannot be delayed any longer*.

  _____.

c *I always wait until the last minute to do my work.*

4 What do you put off?

Escreva três frases a seu respeito, usando uma forma apropriada de **put something off**. Use como exemplos as frases abaixo.

a *I hate cleaning the bathroom so I always put it off.*
b *I never put off paying my bills.*
c _____.
d _____.
e _____.

→ RESPOSTAS **put** sth **off** na p.117

69 put something on

Observe

- **Put** a clean shirt **on** before dinner, please.
  Vista uma camisa limpa antes do jantar, por favor.
- He had a shower and **put on** a new black T-shirt.
  Ele tomou um banho e pôs uma camiseta preta nova.
- She took a pair of dark glasses out of her pocket and **put** them **on**.
  Ela tirou uns óculos escuros do bolso e os colocou.

Confirme

Use as frases em **Observe** como referência ao fazer os exercícios abaixo.

Significado

1 Qual das definições abaixo mais se aproxima deste significado de **put something on**?

a estar usando uma peça de vestuário
b colocar uma peça de vestuário

2 Quais das palavras abaixo <u>não</u> podem ser objeto do verbo **put on**?

a sapatos   c brincos
b um lenço de papel   d um guarda-chuva

Gramática

3 Quais das frases abaixo estão gramaticalmente corretas?

a He put his coat on.
b He put on his coat.
c He put it on.
d He put on it.
e His coat was put on.

Pratique

4 **Put on** ou **wear**? Escolha a melhor alternativa. Use as respostas dos exercícios em **Significado** como referência.

a Do you *put on/wear* glasses?
b What was he *putting on/wearing* when you last saw him?
c I got up quickly and *put on/wore* my clothes.

5 Responda as frases abaixo, usando uma forma apropriada de **put something on** e o objeto entre parênteses:

a I'm very cold!
Why don't _____ ?
(your jacket)
b I've got a job interview this afternoon.
Don't forget _____ . (a tie)

Amplie seu vocabulário

Antônimos

- O oposto deste significado de **put something on** é **take something off**.

Outros significados

- Também se usa **put on** para "passar creme na pele", "pôr perfume", etc.
- She spends a long time **putting on** her make-up.
  Ela gasta muito tempo se maquiando.

→ RESPOSTAS **put** sth **on** na p.117

70 put somebody out

Observe

▶ I didn't want to **put** my aunt **out**, so I only stayed one night with her.
Não quis incomodar minha tia, por isso só passei uma noite na casa dela.

▶ I'd love a cup of tea, if it doesn't **put** you **out** too much.
Eu adoraria uma xícara de chá, se isso não for incomodá-la muito.

▶ Would it **put** your parents **out** if we brought the kids with us?
Incomodaria os seus pais se levássemos as crianças conosco?

Confirme

Use as frases em **Observe** como referência ao fazer os exercícios abaixo.

Significado

1 Qual das expressões abaixo mais se aproxima do significado de **put somebody out**?

a fazer alguém deixar um lugar ou um emprego

b criar problemas ou dar trabalho para alguém

c deixar alguém zangado ou aborrecido

Gramática

2 Quais das frases abaixo estão gramaticalmente corretas?

a She put her family out.
b She put out her family.
c She put them out.
d She put out them.
e She put it out.

Pratique

3 **Has somebody/something put the speaker out?**

Leia as frases e decida se alguém ou algo criou problemas ou deu trabalho para a pessoa que fala, segundo o que ela diz. Responda **sim** ou **não** a cada frase.

a I'm going into town anyway, so it's no trouble to take Harry to school.

b He stayed with us for three whole weeks, which was rather difficult.

c This is the third time I've done this journey today!

d Jane stayed for dinner, which was lovely.

4 Corrija o erro em cada frase abaixo:

a I hope our arriving late didn't put yourself out at all.

b Would it put out you too much if he came to stay for a day or two?

Amplie seu vocabulário

Outros significados

■ Também se usa **put yourself out**, que significa "fazer um esforço especial para fazer algo para alguém".

▶ She really **put herself out** for her visitors.
Ela realmente se esforçou para agradar às visitas.

■ Na voz passiva, **be put out** geralmente significa "ficar aborrecido ou ofendido".

▶ He **was** extremely **put out** when I couldn't remember his name.
Ele ficou ofendidíssimo quando não consegui lembrar-me do nome dele.

→ RESPOSTAS **put** sb **out** na p.117

71 put something **out**

Observe

▶ You can't smoke in here. **Put** that cigarette **out**, please.
Você não pode fumar aqui. Apague esse cigarro, por favor.

▶ They tried to **put out** the fire themselves.
Eles tentaram apagar o fogo sozinhos.

▶ The paper caught fire, but thankfully we managed to **put it out**.
O papel pegou fogo, mas felizmente conseguimos apagá-lo.

▶ It was late at night before the blaze **was** finally **put out**.
Era tarde da noite quando finalmente apagaram o incêndio.

Confirme

Use as frases em **Observe** como referência ao fazer os exercícios abaixo.

Significado

1 Escolha <u>uma</u> das palavras abaixo para completar a definição deste significado de **put something out**:

a queimar
b brilhar
c funcionar

fazer com que algo deixe de _____

Gramática

2 Quais das frases abaixo estão gramaticalmente corretas?

a They put the fire out.
b They put out the fire.
c They put it out.
d They put out it.
e The fire was put out.

Pratique

3 Junte as duas partes para formar frases completas:

a After more than ten hours
b His cigar was making me cough
c Fortunately, the fire was put out
d Two hose reels were used

i to put the flames out.
ii before any serious damage was done.
iii so he put it out.
iv the fire still hadn't been put out.

4 Complete as frases com uma forma apropriada de **put something out** e o que mais for necessário:

a It is a firefighter's job to _____ .
b He was smoking in my room, which I hate, so I asked him if _____ .
c The blaze destroyed two shops before it _____ .

Amplie seu vocabulário

Sinônimos

■ Também se usa **extinguish something** com este significado, mas é mais formal.

▶ All passengers are kindly requested to **extinguish** their cigarettes and fasten their seatbelts.
Solicita-se a todos os passageiros que apaguem os cigarros e apertem os cintos de segurança.

→ RESPOSTAS **put** sth **out** na p.117

72 put up with somebody/something

Observe

▶ She **put up with** her noisy neighbours for years.
Ela agüentou os vizinhos barulhentos durante anos.

▶ I find him very annoying. I don't know how she **puts up with** him.
Eu o acho muito irritante. Não sei como ela consegue agüentá-lo.

▶ I am not **putting up with** that sort of behaviour!
Não vou tolerar esse tipo de comportamento!

▶ He says it's a nuisance but he can **put up with** it.
Ele diz que é uma amolação, mas que ele consegue suportar.

▶ I hate the city, but we **put up with** living there because of our jobs.
Odeio a cidade, mas temos de agüentar morar lá por causa dos nossos empregos.

Confirme

Use as frases em **Observe** como referência ao fazer os exercícios abaixo.

Significado

1 Qual dos verbos abaixo significa o mesmo que **put up with somebody/something**?

a continuar
b tolerar
c irritar-se

Gramática

2 Quais das frases abaixo estão gramaticalmente corretas?

a She put up with the noise.
b She put it up with.
c She put up with it.
d She put up with live there.
e She put up with living there.
f The noise was put up with.

Pratique

3 A qual dos objetos abaixo **it** se refere em cada frase?

> the noise   this behaviour   the dust   the weather   the problem

a It's a bit cold, but I can put up with it.
b I won't put up with it. I'm going to tell them to keep quiet.
c It can't be fixed until Friday, so we'll just have to put up with it.
d I've tried to put up with it but it makes me sneeze.
e Why is she doing this? I'm not going to put up with it!

4 Responda as perguntas abaixo com uma forma apropriada de **put up with somebody/something** e o que mais for necessário:

a Why did you decide to leave your job?
Because I couldn't put up with my boss any longer.
b Why don't you like him?
Because _____ .
c Why did you leave your job in the city?
Because _____ .
d Do you like living in the country, then?
No, but _____ .

→ RESPOSTAS **put up with** sb/sth na p.117

73 run out; run out of something

Observe

- The money **ran out** after four years and the building was never finished.
  Depois de quatro anos o dinheiro acabou e nunca terminaram a construção.
- "Why has the car stopped?" "It's **run out of** petrol."
  "Por que o carro parou?" "Ficou sem gasolina."
- "Can I have a copy of the handout?" "I'm afraid we've **run out**."
  "Pode me dar um impresso?" "Desculpe, mas infelizmente eles se acabaram."
- I've **run out of** sugar. I'll see if I can borrow some.
  Fiquei sem açúcar. Vou ver se consigo pegar um pouco emprestado.
- Time is **running out** and we still have loads to do.
  O tempo está se esgotando e ainda temos muita coisa a fazer.

Confirme

Use as frases em **Observe** como referência ao fazer os exercícios abaixo.

Significado

1 Escolha <u>duas</u> das alternativas abaixo
para completar a definição de
run out (of something):

a com quase nada
b sem nada
c jogado fora
d usado

esgotar-se ou ficar _____

porque tudo foi _____

Gramática

2 Quais das frases abaixo estão
gramaticalmente corretas?

a Our money ran out.
b We ran out.
c We ran out money.
d We ran out of money.
e Our money was run out of.

Pratique

3 Responda as perguntas abaixo com uma forma
apropriada de **run out**; **run out of something**
e o que mais for necessário:

a Why was the project stopped?
Because funds _____ .
b Shall I make a coffee?
You can't. We _____ .
c Is there any more wine?
I think _____ .
d Are you going to have another drink?
No. I _____ .

4 Corrija os erros em <u>três</u> das frases abaixo:

a The torch doesn't work. The battery must have run out.
b You have run out space on the disk.
c Dad took so many photos he soon runs out of film.
d They ran out of petrol in the middle of nowhere.
e The whole team is tired and they're running out ideas.

→ RESPOSTAS **run out**; **run out of** sth na p.117

74 sell out; sell out of something; be sold out

Observe

▶ Tickets for the game will **sell out** very quickly.
Os ingressos para o jogo vão se esgotar muito depressa.

▶ "I'd like some bread, please." "I'm afraid we've **sold out**."
"Eu quero um pão, por favor." "Infelizmente, o pão acabou."

▶ They had **sold out of** milk by 9 a.m.
Às nove da manhã já tinham vendido todo o leite.

▶ The performance **was** completely **sold out**.
Os ingressos para o espetáculo se esgotaram.

▶ We **are** already **sold out** for Saturday's concert.
Já vendemos todos os ingressos para o concerto do sábado.

Confirme

Use as frases em **Observe** como referência ao fazer os exercícios abaixo.

Significado

1 Complete as definições com uma das alternativas entre parênteses:

a Se uma pessoa diz "**It's sold out**", está (*quase tudo/tudo*) vendido e não sobrou (*quase nada/nada*).

b Se uma pessoa diz "**I've sold out (of something)**", ela vendeu (*tudo/a maior parte*) e ficou (*sem nada/com pouco*).

Gramática

2 Quais das frases abaixo estão gramaticalmente corretas?

a The tickets sold out.
b They sold out the tickets.
c They sold out of tickets.
d The tickets were sold out.

Pratique

3 Responda as perguntas abaixo com uma forma apropriada de **sell out (of something)** ou **be sold out** e o que mais for necessário:

a Did you get the newspaper?
No, _____.

b Why are you reserving your tickets so early?
Because _____.

c Do you have this shirt in blue, please?
I'm afraid _____.

Amplie seu vocabulário

Palavras derivadas

■ SUBSTANTIVO: **a sell-out**
(= *uma venda esgotada, um sucesso de bilheteria*)

▶ Their concert was a **sell-out**.
O concerto deles lotou a casa.

→ RESPOSTAS **sell out**; **sell out of** sth; **be sold out** na p.117

75 set off

Observe

► When are you planning to **set off**?
   Quando vocês estão planejando partir?
► I usually **set off** for college at about seven.
   Eu geralmente saio para a faculdade por volta das sete.
► They quickly got in the car and **set off** down the road.
   Eles entraram rapidamente no carro e partiram pela estrada.
► Check your oil before you **set off** on a long journey.
   Verifique o óleo antes de partir em uma viagem longa.
► We unpacked and changed our clothes before **setting off** to explore the city.
   Desfizemos as malas e trocamos de roupa antes de sair para explorar a cidade.

Confirme

Use as frases em **Observe** como referência ao fazer os exercícios abaixo.

Significado

1 Escolha <u>duas</u> das palavras abaixo para completar a definição deste significado de **set off**:

a viagem **b** iniciar **c** tarefa **d** organizar

_____ uma _____

Gramática

2 Qual das frases abaixo está gramatical-mente correta?

a We set off.
b We set off the journey.
c The journey set off.

Pratique

3 Complete as frases com uma forma apropriada de **set off** e uma das preposições no quadro:

| at | on | down | for | until |

a After breakfast they _____ the path.
b Do you want something to eat before you _____ work?
c He finally_____ the first stage of his round-the-world trip.
d Every morning she _____ 6 a.m. in order to miss the rush-hour traffic.
e I'm not surprised we're late. We didn't _____ 8 o'clock!

4 Responda as perguntas com informações a seu respeito e uma forma apropriada de **set off**:

a What time do you leave for school/college/work every day? _____ .
b You are going shopping with a friend. What time will you leave home? _____ .

Amplie seu vocabulário

Sinônimos

■ **Set out** tem o mesmo significado, mas é mais usado em relação a viagens longas.
► He **set out** on the last stage of his round-the-world trip.
   Ele iniciou a última etapa da sua viagem de volta ao mundo.

→ RESPOSTAS **set off** na p.117

76 set something up

Observe

► They often talked about **setting up** their own business.
Eles falavam com freqüência em abrir um negócio próprio.

► He **set** the company **up** three and a half years ago.
Ele fundou a companhia há três anos e meio.

► The company is still run by Anna Marsh, who **set** it **up** in 1983.
A firma ainda é administrada por Anna Marsh, que a fundou em 1983.

► She **set up** a group for single parents and their children.
Ela criou um grupo para mães e pais solteiros e seus filhos.

► A committee **was set up** to investigate the problems.
Formou-se um comitê para investigar os problemas.

Confirme

Use as frases em **Observe** como referência ao fazer os exercícios abaixo.

Significado

1 Qual dos verbos abaixo melhor traduz este significado de **set something up**?

a controlar algo
b iniciar algo
c arranjar ou administrar algo

Gramática

2 Quais das frases abaixo estão gramaticalmente corretas?

a He set the system up.
b He set up the system.
c He set it up.
d He set up it.
e The system was set up.

Pratique

3 Escreva perguntas para as respostas abaixo com o verbo **set something up**. Procure usar várias estruturas.

a What kind of company did he set up?
   It manufactures computer software.

b _____ ?
   In 1992.

c _____ ?
   Because he was tired of working for other people.

d _____ ?
   I don't think so. One is enough!

4 Would <u>you</u> like to set up your own business?

Responda a pergunta e explique seu(s) motivo(s).

_____
_____
_____
_____
_____
_____

→ RESPOSTAS **set** sth **up** na p.117

77 settle down

Observe

▶ What Manuela really wanted was to get married and **settle down**.
O que a Manuela realmente queria era casar-se e estabelecer-se.

▶ I'm going to travel for six months before **settling down** with a career.
Vou viajar durante seis meses antes de me estabelecer numa carreira.

▶ Jack had **settled down** with his new wife in a small town near London.
Jack havia se instalado com a nova mulher numa cidadezinha perto de Londres.

Confirme

Use as frases em **Observe** como referência ao fazer os exercícios abaixo.

Significado

1 Se uma pessoa diz "**I'm going to settle down**", o que ela pode estar querendo fazer? Há mais de uma resposta possível.

a casar-se
b viajar muito
c começar a viver num lugar
d ter muitos namorados ou namoradas
e começar uma família

Gramática

2 Qual das frases abaixo está gramaticalmente correta?

a I settled down.
b I settled myself down.
c I was settled down.

Pratique

3 O que você diria nestas situações? Complete as frases com uma forma apropriada de **settle down** e o que mais for necessário:

a You want to know when your friend is going to stop living a crazy life.
When _____?

b You are very surprised that Jim has decided to get married.
Jim! I never thought _____.

c Your brother is 35, doesn't have a regular job and goes out every night.
Isn't it time _____?

d You are enjoying life as a college student, especially the parties.
I don't want _____.

Amplie seu vocabulário

Outros significados

▪ **Settle down** também pode significar:

1 "adaptar-se bem a uma situação nova".

▶ Julie's **settled down** well at her new school.
Julie adaptou-se bem à nova escola.

2 "acalmar-se".

▶ The children finally **settled down** and started to work quietly.
As crianças finalmente se acalmaram e começaram a trabalhar em silêncio.

→ RESPOSTAS **settle down** na p.118

78 slow down; slow somebody/something down

Observe

▸ He realized he was driving too fast and began to **slow down**.
Ele percebeu que estava dirigindo rápido demais e começou a desacelerar.

▸ They claim they can **slow down** the ageing process.
Eles alegam que podem retardar o processo de envelhecimento.

▸ Can't you work any faster? You're **slowing** the whole class **down**!
Você não pode ir mais rápido? Está atrasando a classe inteira!

▸ Don't wait for me – I'm only **slowing** you **down**.
Não esperem por mim. Só estou atrasando vocês.

▸ The plant's growth **is slowed down** by lack of light.
O crescimento da planta foi retardado pela falta de luz.

Confirme

Use as frases em **Observe** como referência ao fazer os exercícios abaixo.

Significado

1 Qual é o oposto de **slow down**?

a ir depressa
b ir mais depressa
c ir devagar
d ir mais devagar

Gramática

2 Quais das frases abaixo estão gramaticalmente corretas?

a He slowed down.
b He slowed the car down.
c He slowed down the car.
d He slowed it down.
e He slowed down it.
f The car was slowed down.

Pratique

3 Complete as frases com uma das palavras abaixo.
Cada uma deve ser usada apenas uma vez.

bus economy heat horse roadworks

a The _____ slowed down as it approached the crossroads.
b The _____ in the afternoon always slowed us down.
c The _____ didn't slow down until it had thrown its rider off.
d A recent report shows that the _____ has slowed down this year.
e The _____ are slowing the traffic down in the mornings.

Amplie seu vocabulário

Palavras derivadas

■ SUBSTANTIVO: **a slowdown**
(= *diminuição, desaceleração*)

▸ This year's figures show a considerable **slowdown** in growth.
As cifras deste ano revelam uma desaceleração considerável no crescimento.

Sinônimos

■ Também se usa **slow up** com este significado, mas é menos freqüente.

Antônimos

■ O oposto de **slow down** é **speed up**.

→ RESPOSTAS **slow down**; **slow** sb/sth **down** na p.118

79 sort something out

Confirme

Use as frases em **Observe** como referência ao fazer os exercícios abaixo.

Significado

1 Escolha <u>duas</u> das palavras abaixo para completar a definição deste significado de **sort something out**:

- a resolver
- b organizada
- c satisfatória
- d organizar

_____ um problema ou situação de maneira _____

Gramática

2 Quais das frases abaixo estão gramaticalmente corretas?

- a We sorted our problems out.
- b We sorted out our problems.
- c We sorted them out.
- d We sorted out them.
- e Our problems were sorted out.

Pratique

3 Escreva perguntas para as respostas abaixo, usando o verbo **sort something out** e um dos objetos abaixo:

> all their problems   your timetable
> the problem with the heating

a _____ ?
No, I didn't. It still doesn't work properly.

b _____ ?
Yes, they have. Everything's fine now.

c _____ ?
Yes, I did. I can go to the Italian classes now.

Amplie seu vocabulário

Outros significados

- ■ **Sort something out** também pode significar:
- **1** "pôr algo em ordem" ou "arrumar algo".
- ▸ We need to **sort out** these papers and file them away.
  Precisamos pôr estes papéis em ordem e arquivá-los.
- **2** "providenciar algo" ou "organizar algo".
- ▸ He still hasn't **sorted out** accommodation for our stay in Italy.
  Ele ainda não providenciou acomodação para nossa estada na Itália.

→ RESPOSTAS **sort** sth **out** na p.118

80 speak up

Observe

▸ You'll have to **speak up**, I'm afraid. Mrs. Newton is rather deaf.
O senhor vai ter que falar mais alto. Infelizmente a Sra. Newton é bem surda.

▸ **Speak up**! I can't hear a word you're saying!
Fale mais alto! Não consigo ouvir uma palavra que você está dizendo!

▸ Can you **speak up** a bit? People at the back of the room can't hear you.
Pode falar um pouco mais alto? As pessoas no fundo da sala não conseguem ouvi-la.

Confirme

Use as frases em **Observe** como referência ao fazer os exercícios abaixo.

Significado

1 Se uma pessoa diz "**Speak up!**",
o que ela quer que você faça?
Escolha <u>uma</u> resposta.

a Que grite.
b Que fale mais depressa.
c Que fale mais alto.
d Que repita algo porque você não entendeu.

Gramática

2 Qual das frases abaixo está
gramaticalmente correta?

a Speak up.
b She spoke up.
c She was spoken up.

Pratique

3 Em quais destas situações você pediria a alguém "**Speak up!**"?

a quando está estudando numa biblioteca
b num concerto de rock
c quando está tentando dormir

4 Deve-se dizer "**Speak up!**" nestas situações?
Escolha a melhor alternativa.

a *Speak up!/Don't speak so loudly!* Why are you whispering?
b *Speak up!/Start again!* You're not making any sense!
c *Speak up!/Don't speak so loudly!* You know I'm going deaf!
d *Speak up!/Speed up!* You're talking much too slowly!
e *Speak up!/Speak more quietly!* There's no need to shout!

Amplie seu vocabulário

Outros significados

■ **Speak up** também pode significar "dizer o que se pensa,
clara e livremente".

▸ Several of the players **spoke up** for their manager and said
he should not resign.
*Vários jogadores falaram livremente em defesa do técnico
e disseram que ele não deveria renunciar.*

▸ It's time to **speak up** about these terrible housing conditions.
Está na hora de falar abertamente sobre estas terríveis condições de moradia.

→ RESPOSTAS **speak up** na p.118

81 take after somebody

Confirme

Use as frases em **Observe** como referência ao fazer os exercícios abaixo.

Significado

1 A que tipo de semelhança o verbo **take after somebody** se refere?
Escolha <u>uma</u> resposta:

- **a** apenas em aparência
- **b** apenas em caráter
- **c** em ambos os aspectos

2 Quais das alternativas abaixo podem ser objeto na frase "**I take after...**"?

- **a** my son
- **b** my father
- **c** my younger brother
- **d** my grandmother
- **e** my aunt
- **f** my friend

Gramática

3 Quais das frases abaixo estão gramaticalmente corretas?

- **a** He takes his mother after.
- **b** He takes after his mother.
- **c** He takes her after.
- **d** He takes after her.
- **e** He is taken after.

Pratique

4 Junte as duas partes para formar frases completas:

- **a** I take after my mother
- **b** I don't think I take after
- **c** I am told I take after
- **d** My father and I both love climbing
- **e** I must take after my grandfather

- **i** as we are both very impatient.
- **ii** because I've got green eyes like her.
- **iii** my father but I don't think we're similar.
- **iv** my mother or my father.
- **v** so I take after him in that respect.

5 **Who do <u>you</u> take after?**

Escreva algumas frases a seu respeito, com uma forma apropriada de **take after somebody**. Use como exemplos as frases completas do exercício anterior.

→ RESPOSTAS **take after** sb na p.118

82 take off

Observe

- ▶ What time is your flight due to **take off**?
  A que horas seu vôo sai?
- ▶ We were a bit late **taking off**.
  Decolamos com um pouco de atraso.
- ▶ The plane eventually **took off** at 5 p.m.
  O avião acabou decolando às 5 da tarde.

Confirme

Use as frases em **Observe** como referência ao fazer os exercícios abaixo.

Significado

1 Escolha <u>duas</u> das palavras abaixo para completar a definição deste significado de **take off**:

a tocar b voar c deixar d mover-se

_____ o solo e começar

a _____

2 Quais das palavras abaixo podem ser sujeito do verbo **take off**?

a uma aeronave c uma ave e uma bomba
b uma bola d um trem

Gramática

3 Quais das frases abaixo estão gramaticalmente corretas?

a The plane took off.
b We took off.
c We took off the plane.
d The plane took off the ground.

Pratique

4 Junte as duas partes para formar frases completas:

a In the end we   i take off at all.
b It was 10 p.m.   ii took off on time.
c Apparently the flight didn't iii taking off.
d We were a bit late   iv when we finally took off.

5 Explique a um amigo por que você chegou com atraso a Paris. Use o verbo **take off** e o que mais for necessário.

_____

_____

Amplie seu vocabulário

Palavras derivadas

- ■ SUBSTANTIVO: **take-off** (= *decolagem*)
- ▶ We are now ready for **take-off**.
  Estamos prontos para decolar.

Antônimos

- ■ O oposto deste significado de **take off** é **land**.
- ▶ It was raining when we **took off** in Paris, but sunny when we **landed** in London.
  Estava chovendo quando decolamos em Paris, mas fazia sol quando pousamos em Londres.

→ RESPOSTAS **take off** na p.118

83 take something off

Observe

- ▶ Why don't you **take** your coat **off**?
  Por que você não tira o casaco?
- ▶ Do you mind if I **take off** my shoes?
  Você se importa se eu tirar os sapatos?
- ▶ These new glasses are no good. I have to **take** them **off** for driving.
  Estes óculos novos não são muito bons. Eu tenho que tirá-los para dirigir.
- ▶ All jewellery must **be taken off** when doing sports.
  Ao praticar esportes, devem-se tirar todas as jóias.

Confirme

Use as frases em **Observe** como referência ao fazer os exercícios abaixo.

Significado

1 Qual dos verbos abaixo mais se aproxima deste significado de **take something off**?

- **a** remover algo
- **b** usar algo
- **c** colecionar algo
- **d** deixar algo

2 Qual das palavras abaixo não pode ser objeto do verbo **take off**?

- **a** as luvas
- **b** o colar
- **c** os óculos escuros
- **d** a bolsa de mão

Gramática

3 Quais das frases abaixo estão gramaticalmente corretas?

- **a** He took his tie off.
- **b** He took off his tie.
- **c** He took it off.
- **d** He took off it.
- **e** His tie was taken off.

Pratique

4 Responda as frases abaixo, usando uma forma apropriada de **take something off**, as expressões entre parênteses e o que mais for necessário.

- **a** Do you need some help?
  Yes, please. I'm trying to take my boots off. (my boots)
- **b** It's so hot in here!
  Why _____ (your sweater)?
- **c** Why aren't you wearing your ring?
  I always_____(wash my hands).
- **d** Is the office warm enough for you?
  No. That's why I _____ (my coat).

Amplie seu vocabulário

Antônimos

- ■ O oposto deste significado de **take something off** é **put something on**.
- ▶ Aya stopped at the door, **took off** her shoes and **put on** her slippers.
  Aya parou à porta, tirou os sapatos e calçou os chinelos.

→ RESPOSTAS **take** sth **off** na p.118

84 take up something (1)

Observe

▶ I didn't know you'd **taken up** cookery!
Eu não sabia que você estava se dedicando à culinária!
▶ He's **taken up** jogging in order to lose weight.
Ele começou a correr para emagrecer.
▶ She **took up** languages and now speaks Chinese quite well.
Ela começou a estudar idiomas e agora fala chinês bastante bem.
▶ I used to do a bit of writing and I'd like to **take** it **up** again.
Eu costumava escrever um pouco e gostaria de retomar.

Confirme

Use as frases em **Observe** como referência ao fazer os exercícios abaixo.

Significado

1 Escolha <u>duas</u> das palavras abaixo para completar a definição deste significado de **take up something**:

a atividade   **c** carreira
b dever   **d** prazer

começar uma nova _____ , especialmente por _____

Gramática

2 Quais das frases abaixo estão gramaticalmente corretas?

a She took up sailing.
b She took it up.
c She took up it.
d Sailing was taken up.

Pratique

3 Complete as frases com uma forma apropriada de **take up something** e um dos objetos abaixo. Cada palavra ou expressão deve ser usada apenas uma vez.

aerobics	different instruments	it	one	smoking

a Nigel recently _____ at the local sports centre.
b He advises parents and children on the dangers of _____ .
c Rather than all of us playing the flute, I think we should _____ .
d I had never been fishing before, but I have now _____ and am enjoying it.
e I never had the time for a hobby, even if I had wanted to _____ .

4 Corrija os erros em <u>três</u> das frases abaixo:

a She decided to take up walk in order to keep fit.
b I believe she took up the violin at the age of four.
c I was no good at rugby so I take up rowing.
d There are lots of hobbies you can take them up.

Amplie seu vocabulário

Antônimos

■ O oposto deste significado de **take up something** é **give up something**.

→ RESPOSTAS **take up** sth na p.118

85 take up something (2)

Confirme

Use as frases em **Observe** como referência ao fazer os exercícios abaixo.

Significado

1 Escolha <u>um</u> dos verbos abaixo para completar a definição deste significado de **take up something**:

a aproveitar
b ocupar
c organizar

_____ determinado espaço ou período

Gramática

2 Quais das frases abaixo estão gramaticalmente corretas?

a The table takes up a lot of room.
b The table takes a lot of room up.
c A lot of room is taken up by the table.

Pratique

3 Complete as frases com uma forma afirmativa ou negativa de **take up something**:

a This sleeping bag rolls up really small so it _____ much space in my rucksack.

b I wish I didn't have to work so much. It _____ too much of my time.

c I'm sure he won't mind helping you, as long as you _____ too much of his time.

d He found that most of his time _____ with looking after the children.

e Once we folded the chairs up, they hardly _____ any room.

4 Corrija o erro em <u>uma</u> das frases abaixo:

a The annual report takes up nearly thirty pages.
b The new flat screen monitors are very popular as they take up so little space.
c The main problem with this software is that it takes up too much disk space.
d What space there was had been took up by two long tables.

→ RESPOSTAS **take up** sth na p.118

86 tell somebody off

Observe

▶ If anyone **tells** Sonia **off**, she goes and hides in her room.
Se alguém censura a Sonia, ela se esconde no quarto.

▶ The manager **tells** you **off** if you arrive late.
Se você chega atrasado, é repreendido pelo gerente.

▶ Dad often **told** us **off** about watching too much TV.
O papai sempre nos dava broncas porque víamos televisão demais.

▶ Jack's always **getting told off** at school for talking in class.
Jack é sempre repreendido na escola por conversar durante a aula.

Confirme

Use as frases em **Observe** como referência ao fazer os exercícios abaixo.

Significado

1 Escolha a definição correta de **tell somebody off**:

a falar zangado com alguém porque a pessoa fez algo errado

b pedir a uma pessoa que vá embora porque você está zangado com ela

Gramática

2 Quais das frases abaixo estão gramaticalmente corretas?

a She told Jane off.
b She told off Jane.
c She told her off.
d She told off her.
e Jane was told off.

Pratique

3 Complete as frases com uma forma apropriada de **tell somebody off** e um dos objetos abaixo. Cada palavra ou expressão deve ser usada apenas uma vez.

| everyone   me   you   the children |

a If she sees you leaving early, she _____ .
b Why are you alway_____ ?
I don't deserve it!
c She _____ because they didn't put their toys away.
d The teacher suddenly got really angry and _____ !

4 Why do/did your parents or teachers tell you off?
Observe os exemplos abaixo e escreva algumas frases a seu respeito, usando uma forma apropriada de **tell somebody off**:
My mother tells me off for not tidying my room.
The teacher told us off if we didn't do our homework.

_____
_____
_____
_____

Amplie seu vocabulário

Palavras derivadas

■ SUBSTANTIVO:
a telling-off
(= *uma reprimenda, uma bronca*)

▶ Be careful! You've already had one **telling-off** from Dad today, you don't want another!
Tome cuidado! Você já levou uma bronca do papai hoje e não vai querer levar outra!

→ RESPOSTAS **tell** sb **off** na p.118

87 throw something **away**

Observe

- ▶ She **threw** the letter **away** without reading it.
  Ela jogou a carta fora sem ler.
- ▶ Every year the average family **throws away** two tonnes of waste.
  Uma família comum joga fora duas toneladas de lixo por ano.
- ▶ Last year's diary's completely useless now. I'll **throw** it **away**.
  A agenda do ano passado é completamente inútil agora. Vou jogá-la fora.
- ▶ All the fruit had gone bad and had to **be thrown away**.
  Todas as frutas se estragaram e tiveram de ser jogadas fora.

Confirme

Use as frases em **Observe** como referência ao fazer os exercícios abaixo.

Significado

1 Se <u>uma</u> pessoa diz "**I threw it away**", o que ela fez? Escolha uma resposta.

- **a** Pôs o objeto num lugar seguro.
- **b** Pôs o objeto na lata de lixo.
- **c** Pôs o objeto depressa em algum lugar e deixou para olhar mais tarde.

Gramática

2 Quais das frases abaixo estão gramaticalmente corretas?

- **a** She threw the jacket away.
- **b** She threw away the jacket.
- **c** She threw it away.
- **d** She threw away it.
- **e** The jacket was thrown away.

Pratique

3 Responda as perguntas abaixo com uma forma apropriada de **throw something away** e o que mais for necessário.

- **a** This pen doesn't work any more.
  Throw it away then.
- **b** These boots are falling apart. I can't wear them any more.
  _____ .

- **c** Do you want to keep yesterday's newspaper?
  I'm going to recycle it, so don't _____ .
- **d** What shall I do with this old shirt and tie?
  You can keep the shirt, but _____ .

Amplie seu vocabulário

Palavras derivadas

- ■ ADJETIVO: **throwaway** (= *descartável*)
- ■ Uma **throwaway razor** é uma lâmina feita para ser usada só uma vez ou por pouco tempo antes de ser jogada fora.

Sinônimos

- ■ O verbo **throw something out** tem o mesmo significado.

→ RESPOSTAS **throw** sth **away** na p.118

88 turn somebody/something down

Observe

▶ Why did you **turn down** the invitation to Kate and Joe's wedding?
Por que você não aceitou o convite para o casamento da Kate e do Joe?

▶ I can't believe he **turned** the company's offer **down** flat.
Não consigo acreditar que ele tenha recusado completamente a oferta da companhia.

▶ She keeps inviting me to visit her in Scotland but I always **turn** her **down**.
Ela sempre me convida a visitá-la na Escócia, mas eu nunca aceito.

▶ Their proposals have **been turned down** because they would cost too much.
As propostas deles foram rejeitadas porque ficariam caras demais.

▶ I've just **been turned down** for another job.
Acabei de ser recusado para outro emprego.

Confirme

Use as frases em **Observe** como referência ao fazer os exercícios abaixo.

Significado

1 Escolha a definição correta deste significado de **turn somebody/something down**:

a rejeitar ou recusar alguém ou algo
b remover ou destruir alguém ou algo

2 Quais das palavras abaixo podem ser objeto do verbo **turn down**?

a um convite
b uma oferta
c uma festa
d um emprego
e um casamento
f uma proposta

Gramática

3 Quais das frases abaixo estão gramaticalmente corretas?

a She turned the invitation down.
b She turned down the invitation.
c She turned it down.
d She turned down him.
e The invitation was turned down.
f She was turned down.

Pratique

4 Complete as frases com uma forma apropriada de **turn somebody/something down** e um dos objetos abaixo.
Cada palavra ou expressão deve ser usada apenas uma vez.

> the band   the plans   the chance   him   a place

a Every record company had _____ so they produced the album themselves.

b They were very disappointed when the authorities _____ for a larger school.

c Early in his career he _____ of playing the title role in a Hollywood movie.

d Sadly, he had to _____ on a graduate course when his mother fell ill.

e She thought he was so attractive that she couldn't imagine any woman _____ .

→ RESPOSTAS **turn** sb/sth **down** na p.118

89 turn something down

Observe

- ▶ I put the radio on loud, but Dad shouted to me to **turn** the volume **down**.
  Liguei o rádio alto, mas o papai gritou para que eu abaixasse o volume.
- ▶ He **turned down** the sound on the TV set but left the picture on the screen.
  Ele abaixou o som da TV, mas deixou as imagens na tela.
- ▶ If the music's too loud for you, why didn't you ask me to **turn** it **down**?
  Se a música está alta demais para você, por que não me pediu que diminuísse o volume?
- ▶ Victor asked for the lights to **be turned down** low while he sang.
  Victor pediu que diminuíssem as luzes enquanto ele cantava.

Confirme

Use as frases em **Observe** como referência ao fazer os exercícios abaixo.

Significado

1 Escolha a definição correta deste significado de **turn something down**:

- **a** ajustar os controles de um equipamento, a fim de reduzir o nível de calor, som ou luminosidade que ele produz
- **b** interromper o fluxo de eletricidade ou gás, usando um interruptor ou botão

Gramática

2 Quais das frases abaixo estão gramaticalmente corretas?

- **a** He turned down.
- **b** He turned the volume down.
- **c** He turned down the volume.
- **d** He turned it down.
- **e** He turned down it.
- **f** The volume was turned down.

Pratique

3 Complete as frases com uma forma apropriada de **turn something down**:

- **a** I can't hear myself think in here! ———————————.
- **b** It's very hot in here. Do you mind if ———————————?
- **c** The television was still on, but the sound ——————————— .
- **d** She didn't want the sauce to boil so she ——————————— .
- **e** He wanted a romantic atmosphere so he put on some music and ——————————— .

Amplie seu vocabulário

Antônimos

- ■ O oposto deste significado de **turn something down** é **turn something up**.
- ▶ Every time I **turn** the TV **up** so I can hear it better, he says it's too loud and **turns** it **down** again.
  Toda vez que eu aumento o volume da TV para poder ouvir melhor, ele diz que está alto demais e torna a diminuir.

→ RESPOSTAS **turn** sth **down** na p.118

90 turn something off

Confirme

Use as frases em **Observe** como referência ao fazer os exercícios abaixo.

Significado

1 Quais das alternativas abaixo podem ser objeto do verbo **turn off**?

a um rádio
b o volume
c a luz do sol
d um computador
e um trabalho
f uma máquina
g a energia

Gramática

2 Quais das frases abaixo estão gramaticalmente corretas?

a He turned the TV off.
b He turned off the TV.
c He turned it off.
d He turned off it.
e The TV was turned off.

Pratique

3 Complete as frases com uma forma apropriada de **turn something off** e um objeto:

a This TV programme is terrible!
I agree. Let's _____.
b Have you finished with the computer?
No, don't _____.
c The water is still running!
Sorry. I forgot _____.

4 A quais destes comentários você pode dizer "**Turn it off!**"?

a It's the middle of summer and the heating's on!
b I've seen this programme before.
c I can't hear what the newsreader is saying.

Amplie seu vocabulário

Antônimos

- O oposto de **turn something off** é **turn something on**.

Verbos semelhantes

- Veja também o verbo **turn something down**.

→ RESPOSTAS **turn** sth **off** na p.119

91 **turn** something **on**

Observe

▶ It's a bit dark in here. Shall I **turn** the light **on**?
Está um pouco escuro aqui. Acendo a luz?

▶ Can I **turn on** the television? I want to watch the news.
Posso ligar a televisão? Quero ver o noticiário.

▶ I don't understand this machine. How do you **turn** it **on**?
Não entendo esta máquina. Como se liga?

▶ The air conditioning has **been turned on**, so our offices are nice and cool.
O ar-condicionado foi ligado, então a temperatura está agradável em nossas salas.

Confirme

Use as frases em **Observe** como referência ao fazer os exercícios abaixo.

Significado

1 Quais das palavras ou expressões abaixo podem ser objeto do verbo **turn on**?

a um rádio
b o volume
c a luz do sol
d um computador
e um trabalho
f uma máquina
g a energia

Gramática

2 Quais das frases abaixo estão gramaticalmente corretas?

a He turned the TV on.
b He turned on the TV.
c He turned it on.
d He turned on it.
e The TV was turned on.

Pratique

3 Complete as frases com uma forma apropriada de **turn something on** e um objeto:

a It's quite dark in here, isn't it?
We _____ .

b There's something wrong with my computer. It crashes every time
I _____ .

c She was bored, driving down the motorway on her own, so she
_____ .

4 Corrija os erros em <u>três</u> das frases abaixo:

a I forgot to turn the answering machine when I left the house this morning.
b If you want a hot bath later, you'll have to turning the hot water on now.
c How can you read in this light? Let me turn on the big light on for you.
d To turn the power back on, press the standby button.

Amplie seu vocabulário

Antônimos

■ O oposto de **turn something on** é **turn something off**.

Verbos semelhantes

■ Veja também os verbos **turn something up** e **turn something down**.

→ RESPOSTAS **turn** sth **on** na p.119

92 turn over; turn somebody/something over

Observe

- ▶ He **turned over** and went back to sleep.
  Ele se virou e adormeceu de novo.
- ▶ The car skidded on the ice and **turned over**.
  O carro derrapou no gelo e capotou.
- ▶ She **turned** the book **over** and read the notes on the back cover.
  Ela virou o livro e leu as notas na contracapa.
- ▶ This animal uses its nose to **turn over** stones when it is looking for food.
  Este animal usa o focinho para revirar pedras quando procura comida.
- ▶ Cook the steak for a few minutes, then **turn** it **over** to cook the other side.
  Frite o bife por alguns minutos, depois vire-o para fritar do outro lado.
- ▶ Can you match one of your cards to the one that has **been turned over**?
  Você tem uma carta que combine com a que foi virada para cima?

Confirme

Use as frases em **Observe** como referência ao fazer os exercícios abaixo.

Significado

1 **Turn (somebody/something) over**
significa "mudar de posição" ou
"mudar alguém ou algo de posição".
De que maneira? Escolha <u>uma</u> resposta.

- **a** de modo que o outro lado fique voltado para fora ou para cima
- **b** de modo que a parte de cima fique virada para baixo
- **c** de modo que a parte externa fique voltada para dentro

Gramática

2 Quais das frases abaixo estão gramaticalmente corretas?

- **a** He turned over.
- **b** He turned the book over.
- **c** He turned over the book.
- **d** He turned it over.
- **e** He turned over it.
- **f** The book was turned over.

Pratique

3 A qual dos objetos abaixo **it** se refere em cada frase?

the question paper	the postcard
the card	her hand

- **a** Take one from anywhere in the pack and turn it over.
- **b** Despite all the revision, his mind went blank as soon as he turned it over.
- **c** He turned it over and looked at the lines on her palm.
- **d** She looked at the picture, then turned it over to see who it was from.

4 Complete as frases com uma forma apropriada de **turn (somebody/ something) over** e um objeto, se necessário:

- **a** He _____ , trying to find a more comfortable position.
- **b** She picked up the coin and examined it carefully, _____ in her hands.
- **c** Shall I _____ and cook the other side now?

→ RESPOSTAS **turn over**; **turn** sb/sth **over** na p.119

93 turn up

Observe

- He **turned up** late, as usual.
  Ele chegou atrasado, como de costume.
- The taxi didn't **turn up** so we had to walk.
  O táxi não apareceu e tivemos de ir a pé.
- By the time I **turned up** at the party, most people had already left.
  Quando cheguei à festa, a maioria das pessoas já havia ido embora.
- Around 5,000 people **turned up** to celebrate the start of the new year.
  Cerca de 5.000 pessoas apareceram para festejar o início do ano novo.
- You don't need to book a place on the course – just **turn up**.
  Você não precisar reservar um lugar no curso. Basta aparecer por lá.

Confirme

Use as frases em **Observe** como referência ao fazer os exercícios abaixo.

Significado

1 Quais dos verbos abaixo mais se aproximam do significado de **turn up**?

a partir　　c aparecer
b chegar　　d ir

Gramática

2 Qual das frases abaixo está gramaticalmente correta?

a He turned up.
b He turned up the party.
c He was turned up.

Pratique

3 **You arranged to meet somebody, but did he turn up?**
Responda sim ou não a cada frase.

a He eventually arrived.
b I had to go on my own.
c I was so glad to see him.
d He's always so late!
e He brought a friend with him.

4 Complete as frases com uma forma apropriada de **turn up** e o que mais for necessário:

a I'm glad Maria came to the party. What time _____ ?
b I was hoping John would come, but _____ .
c I don't think James will be there on time. He always _____ .
d I'm sorry I'm so late. The bus _____ .

Amplie seu vocabulário

Sinônimos

- O verbo **show up** tem o mesmo significado e é usado da mesma maneira, mas é mais informal.
- Did Mark **show up** at the restaurant last night?
  Mark apareceu no restaurante ontem à noite?

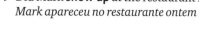

→ RESPOSTAS **turn up** na p.119

94 turn something up

Observe

- You'll have to **turn** the volume **up** – she's a bit deaf.
  Você vai ter de aumentar o volume. Ela é um pouco surda.
- I closed the window and **turned up** the heating.
  Fechei a janela e aumentei o aquecimento.
- I can't hear the radio. Can you **turn** it **up**?
  Não consigo ouvir o rádio. Você pode aumentar o volume?
- The television **was turned up** so loud that she couldn't hear him shouting.
  A televisão estava com o volume tão alto que ela não conseguiu ouvi-lo gritando.

Confirme

Use as frases em **Observe** como referência ao fazer os exercícios abaixo.

Significado

1 Escolha <u>duas</u> das palavras abaixo para completar a definição deste significado de **turn something up**:

a aumentar **b** água **c** som **d** reduzir

ajustar os controles de um equipamento para _____ a intensidade de calor, _____ ou potência que produz

Gramática

2 Quais das frases abaixo estão gramaticalmente corretas?

a I turned up.
b I turned the radio up.
c I turned up the radio.
d I turned it up.
e I turned up it.
f The radio was turned up.

Pratique

3 A qual dos objetos no quadro **it** se refere em cada frase?

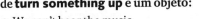

| the music | the gas | the television | the radio |

a She turned it up and everybody started dancing.
b He always turns it up loud when his favourite programmes are on.
c If we turn it up any higher we'll burn the rice.
d Don't turn it up – I only want to watch the pictures.

4 Complete as frases com uma forma apropriada de **turn something up** e um objeto:

a We can't hear the music. _____ ?
b It's very cold in here. Do you mind if I _____ ?
c She wanted the chicken to cook quickly, so she _____ .

Amplie seu vocabulário

Antônimos

- O oposto deste significado de **turn something up** é **turn something down**.
- I was hot so I **turned** the heating **down**, but he said he was cold and **turned** it **up**.
  Eu estava com calor e diminuí o aquecimento, mas ele disse que estava com frio e o aumentou.

→ RESPOSTAS **turn** sth **up** na p.119

95 wake up; wake somebody up

Observe

- ▶ He's always in a bad mood when he **wakes up**.
  Ele sempre acorda de mau humor.
- ▶ Please try not to **wake** the baby **up**. I've only just got him to sleep.
  Por favor, procure não acordar o bebê. Acabei de fazê-lo dormir.
- ▶ Sh! You'll **wake up** the whole family if you don't keep quiet.
  Shh! Vai acordar a família inteira se não fizer silêncio.
- ▶ Will you **wake** me **up** at 7 o'clock tomorrow, please?
  Pode me acordar às 7 horas amanhã, por favor?
- ▶ We **were woken up** by the sound of breaking glass.
  Fomos despertados pelo som de vidro quebrando.

Confirme

Use as frases em **Observe** como referência ao fazer os exercícios abaixo.

Significado

1 Qual é o oposto de **wake up**?

a sair da cama
b deitar-se
c dormir

Gramática

2 Quais das frases abaixo estão gramaticalmente corretas?

a She woke up.
b She woke her father up.
c She woke up her father.
d She woke him up.
e She woke up him.
f He was woken up.

Pratique

3 Responda as perguntas abaixo com uma forma apropriada de **wake up** e o que mais for necessário:

a Did you sleep well last night?
  No, I _____ .

b Is Dad still in bed?
  Yes. Don't _____ .

4 Corrija os erros em <u>duas</u> das frases abaixo:⁕

a It's 8 o'clock. Shall I wake Sarah up now?
b Why do you always wake up me when you come home?
  Can't you be quieter?
c She was woke up three times during the night by the noise outside.

Amplie seu vocabulário

Palavras derivadas

- ■ ADJETIVO: **wake-up** (= *que desperta*)
- ■ Um telefonema para despertá-lo é um **wake-up call**.

Verbos semelhantes

- ■ Veja também o verbo **get up; get somebody up**, que tem significado semelhante.

→ RESPOSTAS **wake up**; **wake** sb **up** na p.119

96 wear out; wear something out

Observe

- ▶ They are trying to design tyres that do not **wear out**.
  Estão tentando projetar pneus que não se desgastem.
- ▶ He **wore out** two pairs of boots during one winter.
  Ele gastou dois pares de botas em um inverno.
- ▶ Stop pacing up and down. You'll **wear** the carpet **out**!
  Pare de andar de um lado para o outro. Você vai gastar o carpete!
- ▶ She rarely wore the shoes because she didn't want to **wear** them **out**.
  Ela raramente usava os sapatos porque não queria gastá-los.
- ▶ The sofa had **been** completely **worn out** by so many children playing on it.
  Tantas crianças brincaram em cima do sofá que ele ficou completamente puído.

Confirme

Use as frases em **Observe** como referência ao fazer os exercícios abaixo.

Significado

1 Se uma pessoa diz **"It's worn out"**, quais das afirmações abaixo são provavelmente verdadeiras?

a O objeto não pode mais ser usado.
b O objeto está danificado.
c O objeto está fora de moda.
d O objeto foi usado demais.

Gramática

2 Quais das frases abaixo estão gramaticalmente corretas?

a His shoes wore out.
b He wore his shoes out.
c He wore out his shoes.
d He wore them out.
e He wore out them.
f His shoes were worn out.

Pratique

3 Complete as frases com uma forma apropriada de **wear (something) out** e um objeto, se necessário:

a She takes good care of her clothes. They never seem to _____ .
b If you play that videotape too much you _____ .
c My son usually grows out of his shoes before _____ .
d She made her jeans into a pair of shorts when the knees _____ .

4 Corrija os erros nas frases abaixo:

a She needed a new pair of shoes because the ones she had were wore out.
b Even expensive trainers wear them out and have to be replaced.
c He walks a lot and says he wears out two pairs of shoes out a year.

Amplie seu vocabulário

Palavras derivadas

■ ADJETIVO: **worn out** (= *gasto, puído*)
- ▶ These trousers are **worn out**. I need some new ones.
  Esta calça está puída. Preciso de uma nova.
- ▶ He was wearing a pair of old **worn-out** trainers.
  Ele estava usando um par de tênis velhos e puídos.

→ RESPOSTAS **wear out**; **wear** sth **out** na p.119

97 **wear** somebody/yourself **out**

Observe

- She **wore** her parents **out** by refusing to go to bed every night.
  Toda noite ela deixava os pais esgotados, recusando-se a ir para a cama.
- The kids have **worn** me **out**.
  As crianças me deixaram esgotada.
- You'll **wear** yourself **out** if you carry on working so hard.
  Você vai se esgotar, se continuar trabalhando tanto.

Confirme

Use as frases em **Observe** como referência ao fazer os exercícios abaixo.

Significado

1 Se <u>uma</u> pessoa diz "**I'm worn out**", como ela se sente? Escolha uma resposta.

a Muito entediada.
b Muito doente.
c Muito velha.
d Muito cansada.

Gramática

2 Quais das frases abaixo estão gramaticalmente corretas?

a She wore out.
b She wore her parents out.
c She wore out her parents.
d She wore them out.
e She wore out them.
f She wore herself out.

Pratique

3 Complete as frases com uma forma apropriada de **wear somebody/yourself out** e um dos objetos abaixo.
Cada palavra deve ser usada apenas uma vez.

him	himself	me	you	yourself

a If you ask me, he works too hard. He'll _____ .
b Can we go home now? All that shopping _____ .
c You look tired. Did the journey _____ ?
d Why don't you go home and rest? There's no point _____ .
e He's in bed already. I think the kids _____ .

4 Complete esta frase com uma forma apropriada de **wear somebody/yourself out**:

I'm not going out tonight. I _____ !

Amplie seu vocabulário

Palavras derivadas

- ADJETIVO: **worn out** (= *exausto, esgotado*)
- Come and sit down. You look **worn out**!
  Venha sentar-se. Você parece exausta!
- I went home feeling **worn out** after the conference.
  Depois da conferência, voltei para casa esgotado.

→ RESPOSTAS **wear** sb/yourself **out** na p.119

98 work out

Observe

- ► My mother is living with us now, which is **working out** well.
  Minha mãe está morando conosco agora, e está dando certo.
- ► I do hope things **work out** for him. He deserves to be happy.
  Espero mesmo que as coisas dêem certo para ele. Ele merece ser feliz.
- ► Unfortunately, their marriage didn't **work out** and they got divorced last year.
  Infelizmente, o casamento não deu certo e eles se divorciaram no ano passado.
- ► My trip to London didn't **work out** the way I'd planned.
  Minha viagem a Londres não saiu como eu planejara.

Confirme

Use as frases em **Observe** como referência ao fazer os exercícios abaixo.

Significado

1 Escolha <u>duas</u> das palavras abaixo para completar a definição deste significado de **work out**:

a bem-sucedido   c acontecer
b malsucedido   d tornar

_____ ou desenvolver-se de determinada maneira, especialmente de um modo _____

Gramática

2 Qual das frases abaixo está gramaticalmente correta?

a Things worked out.
b We worked out things.
c Things worked themselves out.

Pratique

3 Corrija os erros em duas das frases abaixo:

a Laura and Pete were married for five years, but they didn't work out.
b I knew I could always go back home if it didn't work out at the new flat.
c Will you call me and let me know how things work out?
d We didn't need to worry. Everything didn't work out really well.

4 Responda a pergunta abaixo de duas maneiras, uma afirmativa e uma negativa. Em cada resposta, use uma forma apropriada de **work out** e o que mais for necessário.

How is Liz getting on in her new job?

a _____
b _____

Amplie seu vocabulário

Outros significados

- ■ Usado em relação a uma pessoa, o verbo **work out** significa que ela faz ginástica.
- ► I try to **work out** in the gym three times a week.
  Eu procuro ir à academia três vezes por semana.
- ■ Um substantivo correlato muito comum é **workout**.
- ► I did a two-hour **workout** in the gym.
  Fiz duas horas de academia.

→ RESPOSTAS **work out** na p.119

99 **work** something **out**

Observe

> We need to **work out** the total cost of the project before we agree to it.
> *Precisamos calcular o custo total do projeto antes de concordar.*

> It took him two days to **work** the code **out**.
> *Ele levou dois dias para decifrar o código.*

> Don't tell me the answer. I want to **work** it **out** for myself.
> *Não me diga a resposta. Quero descobrir sozinha.*

> I can't **work out** how you got here so quickly.
> *Não consigo entender como você chegou aqui tão depressa.*

> Any reductions will **be worked out** before you receive your bill.
> *Todo desconto será calculado antes de você receber sua conta.*

Confirme

Use as frases em **Observe** como referência ao fazer os exercícios abaixo.

Significado

1 Qual das expressões abaixo melhor traduz a expressão "**work the total out**"?

a decidir o total
b calcular o total

2 **Work something out** também significa "encontrar a resposta para uma pergunta ou algo difícil de entender". Quais das alternativas abaixo podem ser objeto do verbo **work out**?

a as regras de um jogo
b o noticiário
c como operar uma máquina de lavar

Gramática

3 Quais das frases abaixo estão gramaticalmente corretas?

a He worked the total out.
b He worked out the total.
c He worked them out.
d He worked out them.
e The total was worked out.

Pratique

4 Corrija os erros em duas das frases abaixo:

a It took me a long time to work out the grammar of phrasal verbs out.
b I am very bad at working sums out in my head. I have to write them down.
c I think it's fun to working out mathematical problems and other puzzles.

5 **Can you work these puzzles out?**
Você consegue matar estas charadas?

a How many times does the number 3 appear between 1 and 50?
b What gets wetter as it dries?

Amplie seu vocabulário

Sinônimos

- **Figure something out** tem o mesmo significado e é usado da mesma maneira.

→ RESPOSTAS **work** sth **out** na p.119

100 write something down

Observe

- ► Work on your own and **write down** the answers to these questions.
  Trabalhem sozinhos e escrevam as respostas para estas perguntas.
- ► They told me to **write down** everything the woman had said to me.
  Mandaram-me anotar tudo o que a mulher me havia dito.
- ► Before I began my story, I **wrote** all my ideas **down**.
  Antes de começar a minha história, coloquei no papel todas as minhas idéias.
- ► She told him the address and he **wrote** it **down** in his notebook.
  Ela lhe disse o endereço e ele o anotou no caderno.
- ► Information was passed on by word of mouth and **was** never **written down**.
  As informações eram transmitidas oralmente e nunca foram registradas por escrito.

Confirme

Use as frases em **Observe** como referência ao fazer os exercícios abaixo.

Significado

1 Escolha <u>três</u> das palavras abaixo para completar a definição de **write something down**:

a registrar   **d** responder
b um papel   **e** um computador
c lembrar   **f** ler

escrever algo em _____ para _____ ou _____

Gramática

2 Quais das frases abaixo estão gramaticalmente corretas?

a He wrote down.
b He wrote his name down.
c He wrote down his name.
d He wrote it down.
e He wrote down it.
f His name was written down.

Pratique

3 Corrija o erro em cada frase abaixo:

a Write new words down is a good way to help you remember them.
b I'm bound to forget everything if it isn't wrote down.
c He's always writting things down in that little book. I wonder what?

4 **Write** ou **write down**? Escolha a melhor alternativa. O verbo **write** é usado para indicar a capacidade de escrever e a redação de livros e cartas.

a In some countries children don't start to read or *write/write down* until they are six.
b Who *wrote/wrote down* 'Pride and Prejudice'?
c I can't remember new vocabulary unless I *write it/write it down*.
d Have you got a piece of paper? I'll *write/write down* my phone number for you.

→ RESPOSTAS **write** sth **down** na p.119

down

Você estudou estes verbos em combinação com **down**:

break	cut	let	put
settle	slow	turn	write

Padrões de significação

1 Há duas áreas principais de significação para **down**. Distribua os verbos no quadro entre as duas categorias:

break down	cut down
let sb down	slow down
turn sb/sth down	turn sth down

Falhar	Reduzir

Palavras derivadas

2 Complete cada frase com um substantivo ou um adjetivo relacionado a um dos verbos no quadro:

break down	let sb down
slow down	break down

a Many movie stars are a bit of a _____ when you meet them.

b There was an old _____ truck by the side of the road.

c There has been a _____ in the world economy.

d Most delays are caused by accidents, roadworks or vehicle _____.

Faça um teste

3 Agora tente completar estas frases com a forma correta de um dos verbos que se combinam com **down**:

a I drink far too much coffee. I really should _____ down.

b Can you _____ your CD player down? I can't get to sleep.

c I think my daughter is far too young to get married and _____ down.

d The car couldn't _____ down in time and crashed into a tree.

e If you fail this exam again, you'll be _____ the whole family down.

f You'll break that vase! _____ it down!

g She was _____ down for the job because of her age.

→ RESPOSTAS **down** na p. 120

off

Você estudou estes verbos em combinação com **off**:

cut	drop	get	go	log
put	set	take	tell	turn

Padrões de significação

1 Há três áreas principais de significação para **off**. Distribua os verbos no quadro entre as três categorias:

cut sb off	cut sb/sth off (2)
drop sb/sth off	get off; get off sth
log off; log off sth	put sth off
put sb off (1,2)	set off
take off	turn sth off

Partir/deixar	Terminar	Parar/impedir

Antônimos

2 Reescreva as frases com o antônimo do *phrasal verb* e as adaptações necessárias. Use *phrasal verbs* sempre que possível.

a I'll drop you off at your hotel.

_____

b Where do we get off the bus?

_____

c Don't forget to log off when you have finished using the computer.

_____

d The plane took off at 12.20.

_____

e Would you like to take your coat off?

_____

f I'll turn the lights off.

_____

Sinônimos

3 Combine os *phrasal verbs* nestas frases com seus sinônimos abaixo:

a Don't stand there watching me – you're putting me off.
b Let's put the meeting off until next week.
c We set off at midday.
d Can you take your boots off before you come indoors?

Palavras derivadas

4 Complete as frases com um substantivo ou adjetivo relacionado a um dos *phrasal verbs* abaixo:

take off   put somebody off
tell somebody off

a Do not use mobile phones during

_____ and landing.

b I got a terrible _____

from Mum!

c I find her manner very _____.

Faça um teste

5 Agora tente completar estas frases com a forma correta de um dos verbos que se combinam com **off**:

a My father was so ill we had to _____ off the wedding until he was better.
b The terrible smell in the room _____ me off my food.
c The last person to leave should _____ off all the lights.
d Ask the driver to _____ you off at the supermarket.
e The bus stopped, but no one _____ off.
f The water supply to the house had _____ off.
g I _____ the boys off for making so much noise.
h I think the milk's _____ off.
i The town had _____ off by the floods.

➤ RESPOSTAS **off** na p. 120

out

Você estudou estes verbos em combinação com **out**:

check	find	get	give	go	leave
put	run	sell	sort	wear	work

Padrões de significação

1 Há três áreas principais de significação para **out**.
Distribua os verbos no quadro entre as três categorias:

check out; check out of sth	check sb/sth out	find out; find sth out
get out; get out of sth	go out (1,3)	put sth out
run out; run out of sth	sell out; sell out of sth; be sold out	
sort sth out	wear out; wear sth out	wear sb/yourself out
work out	work sth out	

Acabar	**Partir/sair**	**Resolver/verificar**

Sinônimos e antônimos

2 Complete as frases com uma forma apropriada dos verbos abaixo:

give out	go out	work out	check out

a Shall we stay in tonight?

No, let's _____.

b The lights _____.

I hope they come on again soon.

c I just couldn't figure out what he was doing.

No, I couldn't _____ either.

d I've got a lot of papers to hand out.

Shall I help you _____?

e You can check in any time after 2 p.m.

When should we _____?

Palavras derivadas

3 Reescreva as frases abaixo com um substantivo ou um adjetivo formado a partir do verbo entre parênteses. Mantenha o mesmo significado.

a Every ticket for the concert had been sold.

The concert was _____ .**(sell out)**

b His shoes were old and had large holes in them.

His shoes were _____ .**(wear out)**

c He hates parties and he's looking for an excuse not to go.

He hates parties and he's looking for _____ .**(get out of sth)**

d I'm so tired! I've cleaned the whole house today.

_____ I've cleaned the whole house today! **(wear out)**

Faça um teste

4 Escolha o melhor verbo para completar as frases abaixo:

a I'd love some tea, but I don't want to _____ you out at all.

leave   **sort**   **put**

b We can't have any coffee – the milk's _____ out.

sold   **run**   **gone**

c You can't smoke in here. Can you _____ your cigarette out, please?

put   **leave**   **check**

d I wish I could _____ out of the meeting. I'm so busy.

check   **get**   **go**

e Do you believe his story? Perhaps we should _____ it out.

find   **check**   **sort**

f I've cleaned the whole apartment today. It has _____ me out.

put   **sorted**   **worn**

g Dave was upset he was _____ out of the team.

put   **left**   **got**

h The tickets for the concert are all _____ out.

sold   **run**   **gone**

i How long will it take to _____ out the problem?

check   **work**   **sort**

j Can you _____ out the answer to number 2?

check   **work**   **leave**

▶ RESPOSTAS **out** na p. 120

up

Você estudou estes verbos em combinação com **up**:

be	blow	break	bring	catch	cheer
do	fill	get	give	grow	hang
hold	keep	look	make	own	pick
put	set	speak	take	turn	wake

Padrões de significação

1 Há três áreas principais de significação para **up**.
Distribua os verbos no quadro entre as três categorias:

blow sth up   break up   bring sb up   cheer up; cheer sb/yourself up
fill sth up   give up; give up sth (1,2)   grow up
hang up; hang up sth   hold sb/sth up   speak up
turn sth up   wake up; wake sb up

Aumentar/melhorar	Parar/atrasar	Completar/acabar

Antônimos

2 Combine os *phrasal verbs* nas frases com seus antônimos abaixo:

a When did you give up smoking?

b He had difficulty doing up the buttons on his coat.

c Can you turn up the heating a bit?

d I'll pick you up at your house.

e She picked the vase up carefully.

f I've decided to take up line dancing.

drop off   give up   turn down   undo   take up   put down

Palavras derivadas

3 Complete as frases abaixo com um substantivo ou
adjetivo formado a partir de um dos verbos entre parênteses:

a George had a very strict _____ .(**bring up**)

b _____ are expected because of roadworks at the junction. (**hold up**)

c It isn't a true story. It's a _____ one. (**make up**)

d What time would you like your _____ call? (**wake up**)

e It took him a long time to recover from the _____
of his marriage. (**break up**)

f There's a bus _____ point in front of the hotel. (**pick up**)

g _____ on this site are free and easy to use. (**look up**)

Faça um teste

4 Os *phrasal verbs* abaixo estão nas frases erradas.
Reescreva as frases com os verbos corretos:

a I didn't like your boss. I don't know how you caught up with him.

_____

b Julia was late again today. I think the traffic picked her up.

_____

c I didn't know the answer to the question so I owned one up.

_____

d Who broke the window? Will someone hang up?

_____

e The rest of the group were still so far ahead I knew Jack hadn't put up with them.

_____

f I made up the kids from school this afternoon.

_____

5 Reescreva as frases abaixo, substituindo o termo em *itálico*
por um pronome na posição correta:

a How do you put up with *that noise* all the time?
How do you _____?

b When did you take up *judo*?
When did you _____?

c I decided not to look up *the words* in a dictionary.
I decided not to _____

d I'm sure he made up *that story*.
I'm sure _____

→ RESPOSTAS **up** na p. 120

outras partículas

Você estudou verbos em combinação com outras partículas, tais como:

away   in   on   over

Padrões de significação

1 Há quatro áreas principais de significação para verbos com estas partículas. Distribua os verbos no quadro entre as quatro categorias:

get in; get in sth	get on; get on sth	give sth away
go on (1)	log on; log onto sth	throw sth away
turn sth on	turn over; turn sb/sth over	

Movimento em determinada direção

Remover

Continuar

Começar

Faça um teste

2 Escolha o melhor verbo para completar as frases abaixo:

a _____ on. I'll just get some paper to write all that down.

   come   **turn**   **hold**

b Shall we _____ in before we have a cup of coffee?

   check   **fill**   **log**

c Put your shoes on properly or you'll _____ over.

   get   **turn**   **fall**

d It took him a long time to _____ over his illness.

   fall   **get**   **throw**

e Can you describe what she _____ on when you last saw her?

   got   **held**   **had**

f Please _____ in your full name and your address.

   log   **fill**   **turn**

get

Get pode ser usado em combinação com diversas partículas.
Neste livro você estudou **get** em combinação com:

in   off   on   out   over   up

Significação

1 Combine o *phrasal verb* em cada frase abaixo
  com a definição correta no quadro:

a I'm still **getting over** my cold.

b They were locked in the building and
  couldn't **get out**.

c It's 6.30! You should be **getting up** now.

d Jack **got in** the car and drove off.

e Do you **get on** well with your teachers?

f I said I would go shopping with him, so
  I can't **get out** of it now.

g Anna **got off** the bus and started to
  walk along the road.

h We had to break a window to **get in**.

i	entrar em um ônibus, trem, avião, carro, etc.
ii	ter um relacionamento cordial com alguém
iii	conseguir sair de um lugar
iv	recuperar-se de uma doença, um choque, etc.
v	sair da cama
vi	desembarcar de um ônibus, trem ou avião
vii	conseguir entrar em um lugar
viii	evitar uma responsabilidade ou um dever

Faça um teste

2 Os *phrasal verbs* abaixo estão nas frases erradas.
  Reescreva as frases com os verbos corretos:

a My parents don't get over their neighbours very well.

_____

b Don't leave your bags on the train when you get on it.

_____

c You promised to help me! You can't get off it now.

_____

d I watched him get up his bike and ride away.

_____

e Come on, lazy! It's time to get in.

_____

f Be quick and get on with the car! We're late.

_____

g I was very angry with him, but he'll get out of it.

_____

put

Put pode ser usado em combinação com diversas partículas. Neste livro você estudou **put** em combinação com:

away   down   off   on   out   up   with

Significação

1 Combine o *phrasal verb* em cada frase abaixo com a definição correta no quadro:

a It's cold outside – you'll need to **put on** a coat.

b I'd love some tea, but I don't want to **put** you **out** at all.

c How do you **put up with** all that noise?

d Don't watch me – you're **putting** me **off**!

e He washed the dishes and **put** them **away**.

f She **put** her bag **down** by the door.

g The fire was **put out** before the firefighters arrived.

h We'll have to **put** the meeting **off** until next week.

i The accident **put** her **off** driving for years.

i	colocar algo numa caixa, gaveta, etc. porque se terminou de usá-lo
ii	transferir algo para uma data ou um momento posterior
iii	fazer com que alguém deixe de gostar de algo ou perca o interesse por algo
iv	tolerar algo que incomoda ou desagrada sem reclamar
v	pôr no chão algo que se está segurando
vi	criar problemas ou dar trabalho para alguém
vii	colocar uma peça de vestuário
viii	fazer com que algo deixe de queimar
ix	perturbar alguém que está tentando concentrar-se em algo

Faça um teste

2 Complete as frases abaixo com a forma correta de um *phrasal verb* com **put** e o que mais for necessário:

a Would you like to stay the night here?

Oh, I don't want _____.

b My car broke down again the other day!

I don't know why _____

c Do you like strong cheese?

No, it's the smell that _____.

d It feels a bit cold in here.

Why don't you _____?

Minidicionário e Respostas

be /bi; *strong form* biː/
(**is/are** /ɪz/ /ər/; *strong form* /ɑr/; **being** /ˈbiːɪŋ/
was /wəz; *strong form* wɑːz/
were /wər; *strong form* wɜːr/ **been** /bɪn/)

1 be 'up to sb
depender de alguém, ser decisão de alguém,
caber a alguém, ser responsabilidade de alguém

■ v + adv + prep + s/pron
1 b, c **2** b, d
3 a It is up to students to find their own
accommodation. **b** It is up to the prosecution lawyer
to prove that somebody is guilty in court. **c** I don't
mind where we go – it's up to you. **d** Jenny can go to
the party if she likes – it's up to her.
4 *Respostas possíveis:* **a** That's up to my boss. **b** No,
it's up to me to keep my room tidy/to tidy my room.
c That's up to the judge.

2 be 'up to sth
aprontar (*travessura, coisa extravagante ou
prejudicial*)

■ v + adv + prep + s/pron
1 b **2** b **3 a** NOTA Às vezes se pode usar o verbo
get em vez de **be**: *What did you get up to last night?*
O que você estava fazendo ontem à noite? **Be up to**
também pode significar "ser tão bom quanto se
espera" ou "ser capaz de fazer algo": *Was your
meal up to standard?* A sua refeição satisfez suas
expectativas? ◇ *In her condition she wasn't really up to
walking a long way.* Naquele estado, ela não estava
em condições de caminhar muito.
4 a ii **b** iii **c** i **d** iv
5 *Respostas possíveis:* **a** So, what were you up
to last night? **b** What has he been up to (to get
so dirty)? **c** Do you think the children are up to
something?

blow /bləʊ; *USA* bloʊ/
(**blew** /bluː/ **blown** /bləʊn; *USA* bloʊn/)

3 ,blow 'up; ,blow sb/sth 'up
explodir (algo/alguém), demolir algo

■ v + adv ■ v + s/pron + adv; v + adv + s
1 c, d **2** a **3** a, b, c, d, f
4 a The demonstrators threatened to blow up the
offices if… **b** …when the old heating boiler blew up.
c …and blew it up. **d** An attempt was made to blow
up the company director, but…

4 ,blow sth 'up
encher algo (*com ar ou gás*)

■ v + s/pron + adv; v + adv + s
1 b, c **2** a, c, d **3** a, b, c, e
4 *Respostas possíveis:* **a** No, we haven't blown up the
balloons. **b** Yes. They were flat so I blew them up.

break /breɪk/
(**broke** /brəʊk; *USA* broʊk/
broken /ˈbrəʊkən; *USA* ˈbroʊkən/)

5 ,break 'down
quebrar

■ v + adv
1 b, c **2** a, c
3 a broken **b** breaks down **c** broke **d** broken
4 *Respostas possíveis:* **a** Because the washing
machine has broken down. **b** Yes, it never breaks
down.

6 ,break 'up
terminar (*um relacionamento*)

■ v + adv
1 a comes to an end **b** end a relationship
2 a, c, d NOTA Pode-se usar também a forma
break sb up: *She doesn't want me to marry him and is
always trying to break us up.* Ela não quer que eu me
case com ele e está sempre tentando separar-nos.
3 a Her marriage broke up in 1985… **b** Many bands
break up… **c** …after she broke up with John.
4 *Respostas possíveis:* No, they've broken up/they
broke up a few weeks ago. Yes, they haven't broken
up yet.

bring /brɪŋ/ (**brought, brought** /brɔːt/)

7 ,bring sb 'up
criar alguém, educar alguém

■ v + s/pron + adv; v + adv + s
1 b **2** a, b, c, e
3 a …so his grandparents brought him up.
b Do you think parents should bring boys and girls
up/bring up boys and girls in the same way? **c** I was
brought up on a farm.

call /kɔːl/

8 ,call 'back; ,call sb 'back
retornar a ligação; telefonar de novo para alguém

■ v + adv ■ v + s/pron + adv
1 b **2** a, b, d
3 *Respostas possíveis:* **a** …so I called her back later.
b …Can I call you back? **c** …and he called me back.
d …but she hasn't called me back (yet).

catch /kætʃ/ (**caught, caught** /kɔːt/)

9 ,catch 'up; ,catch sb/sth 'up
alcançar alguém/algo

■ v + adv ■ v + s/pron + adv
1 b, e **2** a, b, d, e NOTA A forma c) *She caught up
Tom* é possível, mas rara.
3 a …and said he would catch me up. **b** She was
driving so fast that I couldn't catch up (with her).
c …and let him catch up (with me). **d** …nobody will
be able to catch up (with you).

check /tʃek/

10 ˌcheck 'in; ˌcheck sb/sth 'in
registrar-se, registrar alguém/algo
- ■ v + adv ■ v + s/pron + adv; v + adv + s
- **1** b **2** a
- **3** a, b, c, d, f **NOTA** A forma **check into sth** também é possível: *We checked into our hotel.*
- **4 a** We checked in at Guarulhos at 2 p.m.… **b** ✔ **c** ✔
- **d** After checking in and…

11 ˌcheck 'out; ˌcheck 'out of sth
pagar a conta e partir (*de um hotel*)
- ■ v + adv ■ v + adv + prep + s/pron
- **1** b, d **2** a, b, d **3** a, c
- **4 a** check out **b** checked out of **c** check out
- **d** checked out **e** had checked out of

12 ˌcheck sb/sth 'out
investigar alguém/algo
- ■ v + adv + s; v + s/pron + adv
- **1** a, d; b, c, e
- **2** a, b, c, e **NOTA** A forma **check people out** é muito menos freqüente.
- **3 a** I think we should check out his story/check his story out. **b** The police checked out the names and addresses. **c** Can you check something out for me?
- **d** Potential employees are always thoroughly checked out.

cheer /tʃɪə(r); USA tʃɪr/

13 ˌcheer 'up; ˌcheer sb/yourself 'up
animar-se, animar alguém, alegrar alguém
- ■ v + adv ■ v + s/pron + adv; v + adv + s
- **1** a **2** a, b, d, e, f **NOTA** A forma **cheer up sb** é possível, mas rara.
- **3** *Respostas possíveis:* **a** Why don't you cheer her up by taking her to see a movie? **b** Yes. He has cheered up a lot. **c** Cheer up! It'll soon be spring.

come /kʌm/ (came /keɪm/ come)

14 ˌcome a'cross sb/sth
deparar com alguém/algo, encontrar alguém/algo
- ■ v + prep + s/pron
- **1** a **2** a **3** b, d
- **4 a** Did you come across anything interesting…? **b** …My father came across it in the library. **c** This is a recipe that I came across in a French dictionary of cooking. **d** Have you come across a girl called…?

15 ˌcome 'around
dar uma passada (*em algum lugar*)
- ■ v + adv
- **1** b **2** a, c
- **3 a** My parents usually come around to our place on Sundays. **b** …do come around for coffee. **c** …Can I come around and/to use yours? **d** …Some friends are coming around (to my house). **4** Would you like to come around for lunch on Saturday?

16 ˌcome 'on
vamos
- ■ v + adv
- **1** b **2** a **NOTA** Usa-se este verbo apenas na forma **Come on!**
- **3** a, b **4 a** Come on! **b** Absolutely! **c** Come on! **d** Come on! **e** Come down!

cut /kʌt/ (cutting, cut, cut)

17 ˌcut 'down; ˌcut 'down on sth
reduzir algo, fazer menos de algo
- ■ v + adv ■ v + adv + prep + s
- **1** b, d **2** a, c
- **3** *Respostas possíveis:*
- You should cut down on junk food.
- You smoke too much. You should cut down.
- **4** I wish I could cut down on chocolate. I drink too much coffee. I'm trying to cut down.

18 ˌcut sb 'off
cortar, interromper (alguém/algo)
- ■ v + s/pron + adv
- **1** a, d **2** a, c, e **NOTA** Este verbo geralmente é usado na voz passiva.
- **3 a** They were suddenly cut off. **b** Operator, we've been cut off. **c** I'm so sorry. My son has cut us off.

19 ˌcut sb/sth 'off (1)
isolar alguém/algo
- ■ v + s/pron + adv; v + adv + s
- **1** c, a, d, b **2** a, b, c, e, g **3** b, d
- **4 a** We are often cut off in the winter because of bad weather. **b** You can't expect me to cut myself off completely from my friends. **c** ✔
- **d** The country had been cut off from all contact with the outside world.

20 ˌcut sb/sth 'off (2)
cortar (o fornecimento de) algo, desligar algo
- ■ v + s/pron + adv; v + adv + s
- **1** c **2** a, b, d, e, g
- **3** a, b, d **NOTA** Pode-se usar também a forma **cut the electricity supply off**, mas esta é menos freqüente. Geralmente se usa **cut sb/sth off** na passiva com este significado.
- **4** *Respostas possíveis:* **a** Because our telephone has been cut off.
- **b** The company will cut you/the electricity off.
- **c** Because the gas has been cut off.
- **5** a ✔ **b** She didn't pay the bill so they cut her off. **c** ✔
- **d** They were wearing coats and scarves as the electricity had been cut off.

do /du; strong form duː/
(does /dʌz/ did /dɪd/ done /dʌn/)

21 ˌdo sth 'up
abotoar, fechar algo
- ■ v + adv + s; v + s/pron + adv
- **1** b **2** b, d, e **3** a, b, c, e **NOTA** Também se pode usar a forma **do up**: *This dress does up at the back.* Este vestido se fecha nas costas.
- **4** *Respostas possíveis:* **a** Yes, if you do it up/do the buttons up/do up the buttons. **b** …I couldn't do them/the zip up! **c** …Your laces were not done up.

drop /drɒp; USA drɑːp/ (**dropping, dropped**)

22 ˌdrop sb/sth 'off

deixar alguém/algo (*em algum lugar*)

■ v + s/pron + adv; v + adv + s

1 a **2** b **3** a, b, c, e
4 *Respostas possíveis:* **a** Could you drop me off outside the hotel, please? **b** ...Shall I drop your books off/drop off your books for you? **c** Where shall I drop you off? ... **5** a✔ b✔ c ...why don't you ask her to drop you off?

fall /fɔːl/ (**fell** /fel/ **fallen** /'fɔːlən/)

23 ˌfall 'over

cair

■ v + adv

1 c, d **2** a, d **3** b, c **4** a, c, d

fill /fɪl/

24 ˌfill sth 'in

preencher algo (*formulário, etc.*)

■ v + adv + s; v + s/pron + adv

1 a, b, c **2** a, b, d **NOTA** Pode-se usar a forma **fill the form in**, mas esta é mais rara.
3 a Thank you for filling in our questionnaire. ... **b** About 35% of people had filled in their forms incorrectly. **c** Once you have filled in your personal details, ... **d** ...and here are some notes to help you fill it in.

25 ˌfill sth 'up

encher algo

■ v + s/pron + adv; v + adv + s

1 a, b, d **2** a, b, c, e **NOTA** Pode-se usar também **fill up** com este significado: *The boat was filling up with water.* O barco estava ficando cheio de água. ◊ *After 8 o'clock, the restaurant began to fill up.* Após as 8 horas, o restaurante começou a encher.
3 *Respostas possíveis:* **a** ...and filled it up again. **b** ...fill the jug up/fill up the jug from the tap. **c** ...I only filled it up last week! **d** You don't need to fill the kettle/teapot up just to make one cup of tea!

find /faɪnd/ (**found** /faʊnd/)

26 ˌfind 'out; ˌfind sth 'out

informar-se (sobre algo), descobrir algo

■ v + adv ■ v + adv + s; v + pron/s + adv

1 a **2** a, b, c **NOTA** A forma **I found the truth out** também é possível, mas mais rara.
3 a I want you to find out who he is. **b** Can you find out where he lives? **c** Please find out when he started following me. **d** I must find out why he is following me. **e** I need to find out how he knows my name. **f** I have to find out what he wants.

get /get/ (**getting, got, got** /gɒt/; USA gɑːt/ ou USA **got, gotten** /gɒtn/; USA gɑːtn/)

27 ˌget 'in; ˌget 'in sth

entrar (em algo)

■ v + adv ■ v + prep + s/pron

1 a, c, d **2** c **3** a, b, d **NOTA** Quando se usa um objeto, pode-se usar também a forma **get into sth**. Às vezes essa forma é menos informal que **get in sth**: *They all got in/into the car and it drove off.* Todos entraram no carro e este saiu. ◊ *It's late. Hurry up and get into bed now.* Está tarde. Apresse-se e vá para a cama agora.
4 *Respostas possíveis:* **a** Quick! Get in (the car) and fasten your seatbelt! **b** She got in the cab/taxi and... **c** ...you can get in free on Sundays. **d** ...and you get in the cupboard/closet!

28 ˌget 'off; ˌget off 'sth

sair, descer (de algo)

■ v + adv ■ v + prep + s/pron

1 a **2** a, b, d, e **3** a, c, e
4 *Respostas possíveis:* **a** ...and they wouldn't let us get off the plane. **b** ...he'll tell you where to get off/where you should get off. **c** ...I got off (the bus) at the wrong stop and had to walk. **d** ...Get off (your bike) at once!

29 ˌget 'on

dar-se bem (com alguém)

■ v + adv

1 b **2** a, b, d **3 a** iv **b** i **c** iii **d** ii

30 ˌget 'on; ˌget 'on sth

entrar (em algo), subir (em algo)

■ v + adv ■ v + prep + s/pron

1 b **2** a, b, d, e **3** a, b, d
4 a He got on his bike and cycled off... **b** ...before they let us get on the plane. **c** ...so we'd better get on it. **d** I got on a bus that took me straight to the airport... **e** ...Shall we get on it?

31 ˌget 'out; ˌget 'out of sth

sair (de algo)

■ v + adv ■ v + adv + prep + s/pron

1 a, c, d, e, g **2** c **3** a, b, d
4 a ...but then lots of people got out at the next station. **b** ...and it couldn't get out. **c** Let's get out here... **d** I usually try to get out of the office for an hour at lunchtime.

32 ˌget 'out of sth

livrar-se, escapar de algo

■ v + adv + prep + s/pron

1 c **2** b, d, e **3 a** Não. **b** Sim. **c** Sim. **d** Não.
4 a ...we can't get out of it. **b** ...and tried to get out of paying. **c** ...but there was no getting out of them. **d** ...I don't think I can get out of it.

33 ˌget 'over sb/sth

superar algo, recuperar-se de algo, esquecer alguém/algo

■ v + prep + s/pron

1 b **2** a, c, e **3** b, c
4 a ...but she soon got over her homesickness. **b** ...as I was (still) getting over bronchitis. **c** When I had got over the shock... **d** ...but he seems to have got over it now. **e** We spent the first day of our holiday getting over the long flight.

34 ˌget 'up; ˌget ˈsb 'up

levantar-se, levantar/acordar alguém

■ v + adv ■ v + s/pron + adv

1 b **2** a, b, d **NOTA** Pode-se usar também **get yourself up**: *Jack had to get himself up and off to school.* Jack tinha de levantar e sair para a escola. **3** *Respostas possíveis:* **a** I usually get up at… **b** At the weekend I get up at…/I don't get up until… **c** I got up at… **d** I think I'll get up at…/ I ought to get up at… **4** *Respostas possíveis:*What are you doing still in bed? Get up and do something useful.

give /gɪv/ (gave /geɪv/ given /'gɪvn/)

35 ˌgive sth a'way

dar algo

■ v + s/pron + adv; v + adv + s

1 c **2** a, b, c, e **3** a …They were giving them away free/being given away free at the market. **b** …so I sold four of them and gave the rest away/gave away the rest. **c** …he gave away his old car/gave his old car away when he bought the new one. **d** Dave has decided to give all his money away/give away all his money to charity. **e** …I've decided to give everything away.

36 ˌgive sth 'out

distribuir algo

■ v + adv + s; v + s/pron + adv

1 b **2** a, b, c, e **3** a She gave out invitations to her wedding… **b** The teacher…started giving out exam papers/giving exam papers out to all the students. **c** The relief organizations…were giving out free food/giving free food out to the refugees. **d** …Do you need any help with giving out leaflets/giving leaflets out?

37 ˌgive 'up; ˌgive 'up sth (1)

desistir, desistir de (fazer) algo

■ v + adv ■ v + adv + s; v + s + pron + adv; v + s + adv; v + adv + -ing

1 b, a **2** a, b, c, f **NOTA** Pode-se usar também a forma **give the attempt up**, mas esta é menos freqüente. **3** a ii **b** i **c** iv **d** iii **4** *Respostas possíveis:* **a** Don't give up – I know you can do it! **b** In the end, I gave up trying to find him./I couldn't find him and in the end I gave up (the search). **c** He was exhausted but he wouldn't give up.

38 ˌgive 'up; ˌgive 'up sth (2)

deixar algo, deixar de fazer algo

■ v + adv ■ v + adv + s; v + pron + adv; v + s + adv; v + adv + -ing

1 b **2** a, b, c, f **NOTA** Pode-se usar também a forma **give coffee up**, mas esta é menos freqüente. **3** *Respostas possíveis:* **a** …I (know I) ought to give up. **b** …I've given up (drinking) coffee./I'm trying to give up (drinking) coffee.

go /gəʊ; *USA* goʊ/

(**goes** /gəʊz; *USA* goʊz/ **went** /went/ **gone** /gɒn; *USA* gɔːn, gɑːn/)

39 ˌgo 'off (1)

disparar (*arma*); explodir (*bomba*); soar (*alarme*)

■ v + adv

1 a explodes **b** fired **c** loud noise **2** b, c, e **3** a **4** *Respostas possíveis:* **a** …when the bomb went off. **b** …They might go off before you are ready. **c** …My alarm didn't go off. **d** The thieves ran away when the (burglar) alarm went off.

40 ˌgo 'off (2)

estragar, azedar (*alimento*)

■ v + adv

1 a, b, d **2** c **3** a **4** *Respostas possíveis:* **a** We can't, the chicken has gone off. **b** I'm afraid the salmon has gone off too. **c** No, they've gone off.

41 ˌgo 'on (1)

continuar, durar, prosseguir

■ v + adv; v + adv + -ing

1 a ii **b** i **2** a, b, c, d **3** a ii **b** i **c** iii **4** *Respostas possíveis:* **a** …Things can't go on as they are. **b** …everybody just went on talking/went on with what they were doing.

42 ˌgo 'on (2)

ocorrer

■ v + adv

1 b **2** a, c **NOTA** Este verbo geralmente é usado nos tempos verbais progressivos. **3** a iii **b** v **c** iv **d** ii **e** i **4** *Respostas possíveis:* **a** …What's going on? **b** …There's nothing going on/There must be something going on. **c** …and I never discovered what had been going on.

43 ˌgo 'out (1)

sair

■ v + adv

1 b **2** a **3** a Yes, we went out for a special meal. **b** I usually go out with my friends. **c** No, he's gone out to a party. **4** *Respostas possíveis:* **a** I never/sometimes go out on Friday and Saturday evenings. **b** I didn't go out last night. **c** My parents often/always let me go out (with friends) when I was young.

44 ˌgo 'out (2)

sair (com), namorar

■ v + adv

1 c **2** a, b, c **3** a Kate and Sam have been going out (together)/Kate has been going out with Sam for three years. **b** How long did those two go out together? **c** They went out (together) for years before they finally got married. **d** Are you going out with anyone at the moment?

45 ,go 'out (3)

apagar(-se)

■ v + adv

1 a shining **b** burning **2** a
3 a o fogo **b** a chama **c** a vela **d** a lanterna
4 *Respostas possíveis:* **a** Because the fire has gone out.
b Nobody. They just went out.

grow /grəʊ; USA groʊ/

(**grew** /gru:/ **grown** /grəʊn; USA groʊn/)

46 ,grow 'up

crescer

■ v + adv

1 a **2** a, c
3 a grown **b** grown **c** grew up
4 *Respostas possíveis:* **a** I grew up in…
b I wanted to be a … when I grew up.

hang /hæŋ/ (**hung, hung** /hʌŋ/)

47 ,hang 'up; ,hang 'up sth

desligar, bater o telefone

■ v + adv ■ v + adv + s

1 c **2** a, b, d NOTA A forma **hang the phone up**
também é possível, mas muito rara.
3 a …or shall I hang up when we've finished?
b …the caller hung up immediately. **c** …"Nothing.
He hung up on me!" **d** "Sorry, wrong number," she
said, and hung up the phone.

have /həv, əv, hæv/

(**has** /həz; *strong form* hæz/, **having, had, had** /həd;
strong form hæd/)

48 ,have sth 'on; have ,got sth 'on

vestir, usar algo

■ v + s/pron + adv; v + adv + s

1 a **2** a, d
3 a, b, c NOTA Este verbo não é utilizado nos tempos
verbais progressivos.
4 a Today I've got my favourite sweater on.
b ✔ **c** I was cold because I didn't have a coat on.

hold /həʊld; USA hoʊld/ (**held, held** /held/)

49 ,hold 'on

esperar, aguardar

■ v + adv

1 b **2** a, c NOTA Este verbo é usado com freqüência
no registro informal do inglês falado e na forma
Hold on! **3** b
4 *Respostas possíveis:* **a** Hold on (a minute) – I need
to make a quick phone call. **b** Let's hold on a few
minutes and see if any more students arrive.

50 ,hold sb/sth 'up

atrasar alguém/algo

■ v + adv + s; v + s/pron + adv

1 a, d **2** a, b, c, e NOTA A forma **hold the meeting
up** não é muito comum. Este verbo é usado com
freqüência na voz passiva.
3 a …He's been held up in Chicago on business.
b …They (must) have been held up in traffic.
c …in case the boat was held up by gales. **d** …and
traffic was held up for over an hour.
4 a I held things up for an hour… **b** ✔ **c** …the trains
are held up.

keep /ki:p/ (**kept, kept** /kept/)

51 ,keep 'up

acompanhar, manter-se no mesmo nível de
alguém/algo

■ v + adv

1 a **2** a, c
3 a …Please try to keep up (with us)!
b …I can't keep up (with you)! **c** …for little Joe to
keep up (with us).
4 a catch up **b** catch up **c** keep up

leave /li:v/ (**left, left** /left/)

52 ,leave sb/sth 'out; ,leave sb/sth 'out of sth

deixar alguém/algo de fora, deixar alguém/algo fora
de algo

■ v + adv + s; v + s/pron + adv;
v + s/pron + adv + prep + s/pron

1 b **2** c **3** a, b, c, e
4 a …and don't leave out any details/leave any
details out! **b** It seemed wrong to leave Daisy out, so
she came along too. **c** …but I left out the "0"/I left
the "0" out. **d** David was left out of the team…

let /let/ (**letting, let, let**)

53 ,let sb 'down

decepcionar alguém

■ v + s/pron + adv; v + adv + s

1 a **2** a, b, c, e NOTA A forma **He let down his
parents** é menos freqüente.
3 b **4 a** He never lets anybody down.
b If I fail, I'll feel (that) I've let my parents down.

log /lɒg; USA lɔ:g, lɑ:g/ (**logging, logged**)

54 ,log 'off; ,log 'off sth

desconectar-se, fazer o logoff

■ v + adv ■ v + prep + s/pron

1 b **2** a, c NOTA É possível usar um substantivo
como objeto de **log off**, mas não é comum usar
um pronome nesta posição. Este verbo é bastante
flexível e pode ser usado também com as seguintes
formas:
log off sb, log you off: *Click this button to log off the
current user.* Clique neste botão para desconectar o
usuário atual.
log sb off sth: *This button will log you off the website.*
Este botão vai desconectá-lo do site.
3 a It is especially important to log off if… **b** If you
have problems logging off, … **c** You have just logged
off (our website) and….

55 ˌlog 'on; ˌlog 'onto sth

conectar-se, fazer o login

■ v + adv   ■ v + prep + s/pron

1 a   2 a, c, e **NOTA** Este verbo é bastante flexível e pode ser usado também com as seguintes formas: **log sb on:** *The system was unable to log you on.* O sistema não conseguiu conectá-lo. **log sb onto sth:** *This will automatically log you onto the network.* Isso vai conectá-lo automaticamente à rede. **3 a** Every evening she logs onto the Internet…. **b** You can't log onto the system without a user name… **c** Press CTRL + ALT + DELETE to log on.

look /lʊk/

56 ˌlook 'after sb/sth/yourself

cuidar-se, cuidar de alguém/algo

■ v + prep + s/pron

1 a seguro **b** em bom estado
2 b, d, e
3 a …the nurses looked after him very well. **b** …He's quite old enough to look after himself. **c** …She loves looking after children. **d** …I wish you would look after your clothes.

57 'look for sb/sth

procurar alguém/algo

■ v + prep + s/pron

1 b   2 a, c **NOTA** Este verbo raramente é usado na voz passiva. **3 a** …Yes, I'm looking for a blue shirt. **b** …I've been looking for it everywhere. **c** Clare was…, looking for her contact lenses. **d** She was frantically looking for her son, … **e** …I'm going to look for an apartment in the centre of town. **4 a ✔ b ✔ c** Sarah lost her keys, so we spent ages looking for them all over the house.

58 ˌlook 'forward to sth

aguardar algo, estar ansioso/a para fazer algo

■ v + adv + prep + s/pron

1 b   2 a, b, d **NOTA** Pode-se usar também **look forward to sth** na voz passiva, mas é menos comum: *Her visit was eagerly looked forward to.* A visita dela era ansiosamente aguardada. **3 a** I'm looking forward to the party very much… **b** …I'm really looking forward to meeting him. **c ✔ d** …so we always looked forward to it.

59 ˌlook sth 'up

procurar algo (*num livro, computador, etc.*)

■ v + s/pron + adv; v + adv + s

1 a procurar **b** informação
2 a, b, c, e **NOTA** A voz passiva também é possível, mas muito rara. A forma **he looked her up** é informal e significa **he looked my phone number up**. **3 a ✔ b** I usually look up new words/look new words up in a bilingual dictionary. **c ✔ d ✔ 4 a** Every time I try to look something up/look up something, … **b** Why don't you look up her number/look her number up in the phone book…? **c** …I looked it up on the timetable.

make /meɪk/ (made, made /meɪd/)

60 ˌmake sth 'up

inventar algo (*história, desculpa*)

■ v + adv + s; v + s/pron + adv

1 c   2 a, b, d **NOTA** A forma **make the story up** também é possível, mas menos freqüente. **3** *Respostas possíveis:* **a** No, I think he made it all up. **b** No, it's (been) made up. **c** Oh, I just made one up. **d** I promise I haven't made it up/made the story up. **4 a ✔ b** Most of what was written about her in the papers had been made up. **c** He can't have made up all that stuff…, can he?

own /əʊn; *USA* oʊn/

61 ˌown 'up; ˌown 'up to sth

confessar(-se culpado) (de algo), admitir a culpa (por algo)

■ v + adv   ■ v + adv + prep + s/pron

1 a   2 a, c, d, f **3** a, d
4 a owned up to **b** owned up **c** owns up **d** own up **e** owned up to **f** own up to

pick /pɪk/

62 ˌpick sb/sth 'up (1)

apanhar, pegar alguém/algo

■ v + s/pron + adv; v + adv + s

1 c   2 a, b, c, e
3 a … so I picked it up for him. **b** … you have to pick up a card/pick a card up from the pile. **c** …I could only just pick her up. **d** I spent a few minutes picking her clothes up off the floor… **e** Did you pick up my credit card/pick my credit card up by mistake?

63 ˌpick sb/sth 'up (2)

apanhar alguém/algo

■ v + s/pron + adv; v + adv + s

1 b   2 a **3** a, b, c, e
4 a …I have to pick the children up/pick up the children from school. **b** We need to pick the tickets up/pick up the tickets from the Box Office. **c** …I can't pick you up until eight. **d** …and picked up his suitcase/picked his suitcase up…

put /pʊt/ (putting, put, put)

64 ˌput sth a'way

guardar algo

■ v + s/pron + adv; v + adv + s

1 c   2 a, b, c, e
3 a You'd better put the cakes away/put away the cakes before I eat them all! **b** …or shall I put it away? **c** Stop playing and put your toys away/put away your toys now, Tim. **d** I think I'll put the car away in the garage… **e** …Why can't you put them away?
4 *Respostas possíveis:* **a** No, don't put it away yet. / Yes, you can put it away now. **b** I've just put it away./It's been put away (in the fridge).

65 ,put sb/sth 'down

pôr alguém/algo (no chão, etc.)

- ■ v + s/pron + adv; v + adv + s
- 1 b 2 a, b, c, e
- 3 Respostas possíveis: **a** ...Why doesn't she put some of them down? **b** The police told the robbers to put down their guns/put their guns down. **c** This book was so good (that) I couldn't put it down. **d** ...You can put him/her down now.

66 ,put sb 'off; ,put sb 'off sth (1)

desencorajar alguém, fazer alguém perder o interesse (em (fazer) algo)

- ■ v + s/pron + adv ■ v + s/pron + prep + s/pron
- 1 b 2 a, b, d, e, f **NOTA** A forma **It put off John** também é possível, mas muito rara. **NOTA** Pode-se usar também a forma **put sb off sb**: *The way he treated his wife really put me off him.* A maneira como ele tratou a esposa realmente me incomodou.
- 3 **a** The accident put James off riding a bike for a long time. **b** Don't be put off by the cost of the book. **c** His political views put me off him.

67 ,put sb 'off; ,put sb 'off sth (2)

perturbar, distrair alguém

- ■ v + s/pron + adv ■ v + s/pron + prep + s/pron
- 1 a 2 a, b, d, e
- 3 **a** ...Doesn't it/the noise put you off? **b** ...They put me off. **c** ...I can turn the radio off if it puts you off.
- 4 **a** ...but this didn't put her off at all. **b** ...I mustn't let anything put me off my work this week. **c** The children all...tried to put the teacher off. **d** ✔

68 ,put sth 'off

adiar, cancelar algo

- ■ v + s/pron + adv; v + adv + s; v + adv + -ing
- 1 b 2 a, b, c, e
- 3 **c** Can we put it off until tomorrow? **d** ...it cannot be put off any longer. **e** I always put my work off/put off my work until the last minute.

69 ,put sth 'on

pôr, vestir algo

- ■ v + s/pron + adv; v + adv + s
- 1 b 2 b, d 3 a, b, c 4 **a** wear **b** wearing **c** put on
- 5 **a** Why don't you put your jacket on/put on your jacket? **b** Don't forget to put on a tie/put a tie on!

70 ,put sb 'out

incomodar alguém, dar trabalho a alguém

- ■ v + s/pron + adv
- 1 b 2 a, c
- 3 **a** Não. **b** Sim. **c** Sim. **d** Não.
- 4 **a** I hope our arriving late didn't put you out at all. **b** Would it put you out too much if he came to stay for a day or two?

71 ,put sth 'out

apagar algo

- ■ v + s/pron + adv; v + adv + s
- 1 a 2 a, b, c, e
- 3 **a** iv **b** iii **c** ii **d** i
- 4 Respostas possíveis: **a** ...to put out fires/put fires out. **b** ...if he would put his cigarette out/put out his cigarette. **c** ...before it was put out.

72 ,put 'up with sb/sth

agüentar alguém/algo

- ■ v + adv + prep + s/pron
- 1 b 2 a, c, e
- 3 **a** the weather **b** the noise **c** the problem **d** the dust **e** this behaviour
- 4 Respostas possíveis: **b** Because I can't put up with the way he talks to us. **c** Because I couldn't put up with the noise and the traffic. **d** No, but I (can) put up with it!

run /rʌn/ (running, ran /ræn/ run)

73 ,run 'out; ,run 'out of sth

esgotar-se, ficar sem algo

- ■ v + adv ■ v + adv + prep + s/pron
- 1 b, d 2 a, b, d
- 3 Respostas possíveis: **a** Because funds ran out. **b** You can't. We've run out of coffee. **c** I think it's run out. **d** No. I've run out of money.
- 4 **a** ✔ **b** You have run out of space on the disk. **c** ...he soon ran out of film. **d** ✔ **e** ...they're running out of ideas.

sell /sel/ (sold, sold /səʊld; USA soʊld/)

74 ,sell 'out; ,sell 'out of sth; be ,sold 'out

esgotar-se

- ■ v + adv ■ v + adv + prep + s/pron ■ be + v + adv
- 1 **a** tudo, nada **b** tudo, sem nada
- 2 a, c, d **NOTA** Pode-se usar também a forma **be sold out of sth**: *They are already sold out of tickets.* As entradas já estão esgotadas.
- 3 Respostas possíveis: **a** No, they were sold out/the shop had sold out. **b** Because they will sell out quickly. **c** I'm afraid we've sold out.

set /set/ (setting, set, set)

75 ,set 'off

partir

- ■ v + adv
- 1 b, a 2 a
- 3 **a** After breakfast they set off down the path. **b** ...before you set off for work? **c** He finally set off on the first stage of his round-the-world trip. **d** Every morning she sets off at 6 a.m.... **e** ...We didn't set off until 8 o'clock!
- 4 Respostas possíveis: **a** I set off for college at 7.30 a.m. **b** We should set off at 9 a.m.

76 ,set sth 'up

criar algo

- ■ v + adv + s; v + s/pron + adv
- 1 b 2 a, b, c, e **NOTA** Pode-se usar também a forma **he set up**, mas apenas em frases com expressões tais como *in business, on his own*, etc.: *He set up in business in a town near Oxford.* Ele abriu um negócio em uma cidade próxima a Oxford.
- 3 **b** When did he set it up? **c** Why did he set up his own company? **d** Will he set up another one?

settle /'setl/

77 ˌsettle 'down

tomar juízo, estabelecer-se, fixar residencia

■ v + adv

1 a, c, e **2** a
3 *Respostas possíveis:* **a** When are you going to settle down? **b** Jim! I never thought he'd (get married and) settle down! **c** Isn't it time you settled down and got a job/had a career?
d I don't want to settle down just yet.

slow /sləʊ; *USA* sloʊ/

78 ˌslow 'down; ˌslow sb/sth 'down

reduzir a velocidade (de alguém/algo), atrasar alguém/algo

■ v + adv ■ v + s/pron + adv; v + adv + s

1 b **2** a, b, c, d, f
3 a bus **b** heat **c** horse **d** economy **e** roadworks

sort /sɔːt; *USA* sɔːrt/

79 ˌsort sth 'out

resolver algo

■ v + s/pron + adv; v + adv + s

1 a, c **2** a, b, c, e **NOTA** Pode-se também dizer: *The problem sorted itself out.* O problema foi resolvido.
3 a Did you sort out the problem with the heating?
b Have they sorted out all their problems?
c Did you (manage to) sort out your timetable?

speak /spiːk/

(**spoke** /spəʊk; *USA* spoʊk/
spoken /'spəʊkən; *USA* 'spoʊkən/)

80 ˌspeak 'up

falar mais alto

■ v + adv

1 c **2** a, b **NOTA** Usa-se este verbo normalmente na forma **Speak up! 3** b **4 a** Speak up! **b** Start again! **c** Speak up! **d** Speed up! **e** Speak more quietly!

take /teɪk/ (**took** /tʊk/ **taken** /'teɪkən/)

81 ˌtake 'after sb

sair a, parecer-se com alguém

■ v + prep + s/pron

1 c **2** b, d, e **3** b, d **4 a** ii **b** iv **c** iii **d** v **e** i

82 ˌtake 'off

decolar

■ v + adv

1 c, b **2** a, c **3** a, b **4 a** ii **b** iv **c** i **d** iii
5 *Respostas possível:* Our plane was 2 hours late taking off.

83 ˌtake sth 'off

tirar algo (*peça de vestuário*)

■ v + s/pron + adv; v + adv + s

1 a **2** d **3** a, b, c, e
4 b Why don't you take your sweater off/take off your sweater? **c** I always take it off when I wash my hands. **d** No. That's why I haven't taken my coat off/taken off my coat.

84 ˌtake 'up sth (1)

começar algo (*como hobby*)

■ v + adv + s; v + s + adv; v + pron + adv

1 a, d **2** a, b **NOTA** A forma **take sailing up** também é possível, mas muito rara.
3 a Nigel recently took up aerobics….
b He advises…on the dangers of taking up smoking.
c …I think we should take up different instruments.
d …but I have now taken it up and am enjoying it.
e …even if I had wanted to take one up.
4 a She decided to take up walking in order to keep fit. **b**✔ **c** I was no good at rugby so I took up rowing.
d There are lots of hobbies you can take up.

85 ˌtake 'up sth (2)

ocupar algo (*espaço, tempo*)

■ v + adv + s

1 b **2** a, c
3 a doesn't/won't take up **b** takes up
c don't take up **d** was taken up **e** took up
4 a✔ **b**✔ **c**✔ **d** What space there was had been taken up by two long tables.

tell /tel/ (**told, told** /təʊld; *USA* toʊld/)

86 ˌtell sb 'off

repreender alguém

■ v + s/pron + adv

1 a **2** a, c, e
3 a …she will tell you off. **b** Why are you always telling me off?… **c** She told the children off…
d The teacher…and told everyone off.

throw /θrəʊ; *USA* θroʊ/

(**threw** /θruː/, **thrown** /θrəʊn; *USA* θroʊn/)

87 ˌthrow sth 'away

jogar algo fora

■ v + s/pron + adv; v + adv + s

1 b **2** a, b, c, e
3 *Respostas possíveis:* **b** Throw them away then.
c …so don't throw it away. **d** …but (you should) throw away the tie/throw the tie away.

turn /tɜːn; *USA* tɜːrn/

88 ˌturn sb/sth 'down

rejeitar alguém/algo, recusar alguém/algo

■ v + adv + s; v + s/pron + adv

1 a **2** a, b, d, f **3** a, b, c, e, f
4 a Every record company had turned the band down/turned down the band so… **b** … when the authorities turned down the plans for a larger school. **c** Early in his career he (had) turned down the chance of… **d** Sadly, he had to turn down a place on a graduate course when… **e** …she couldn't imagine any woman turning him down.

89 ˌturn sth 'down

abaixar, diminuir algo (*som, luminosidade*)

■ v + s/pron + adv; v + adv + s

1 a **2** b, c, d, f **NOTA** A forma **turn down sth** é menos comum que **turn sth down**.
3 *Respostas possíveis:* **a** Can you turn the music down? **b** Do you mind if I turn the heating down a bit? **c** …but the sound had been turned down.
d …so she turned the gas/heat down. **e** …so he put on some music and turned the lights down low.

90 ,turn sth 'off

apagar algo (*luz*); fechar algo (*torneira*); desligar algo (*rádio, TV, motor*)

■ v + s/pron + adv; v + adv + s

1 a, d, f, g **2** a, b, c, e
3 a I agree. Let's turn it off. **b** No, don't turn it off yet. **c** Sorry. I forgot to turn off the tap/turn the tap off.
4 a, b

91 ,turn sth 'on

acender algo (*luz*); abrir algo (*torneira*); ligar algo (*rádio, TV, motor*)

■ v + s/pron + adv; v + adv + s

1 a, d, f, g **2** a, b, c, e
3 a We should turn on the lights/turn the lights on. **b** It crashes every time I turn it on. **c** …so she turned on the car radio/turned the car radio on.
4 *Respostas possíveis:* **a** I forgot to turn the answering machine on when… **b** …you'll have to turn the hot water on now. **c** …Let me turn on the big light/turn the big light on for you. **d** ✔

92 ,turn 'over; ,turn sb/sth 'over

virar (alguém/algo)

■ v + adv ■ v + s/pron + adv; v + adv + s

1 a **2** a, b, c, d, f
3 a the card **b** the question paper **c** her hand **d** the postcard
4 a He turned over,… **b** …turning it over in her hands. **c** Shall I turn the meat/egg/pancake over…?

93 ,turn 'up

chegar, aparecer

■ v + adv

1 b, c **2** a
3 a Sim. **b** Não. **c** Sim. **d** Sim. **e** Sim.
4 *Respostas possíveis:* **a** …What time did she turn up? **b** …but he didn't turn up. **c** …He always turns up late. **d** …The bus didn't turn up./The bus turned up late.

94 ,turn sth 'up

aumentar algo (*volume, luminosidade*)

■ v + s/pron + adv; v + adv + s

1 a, c **2** b, c, d, f **NOTA** A forma **turn up sth** é menos comum que **turn sth up**.
3 a the music **b** the radio **c** the gas **d** the television
4 a …Can I/you turn it up? **b** …Do you mind if I turn the heating up/turn up the heating a bit? **c** …so she turned the gas/oven up.

wake /weɪk/

(**woke** /wəʊk/ **woken** /'wəʊkən/ *ou USA* **waked, waked**)

95 ,wake 'up; ,wake sb 'up

acordar, acordar alguém

■ v + adv ■ v + s/pron + adv; v + adv + s

1 c **2** a, b, c, d, f **NOTA** Pode-se também usar **wake yourself up**: *I fell out of bed and woke myself up.* Eu caí da cama e acordei.
3 *Respostas possíveis:* **a** No, I kept waking up/I woke up several times. **b** Yes, Don't wake him up – he's very tired.
4 a ✔ **b** Why do you always wake me up when you come home? … **c** She was woken up three times during the night…

wear /weə(r)/

(**wore** /wɔː(r)/; *USA* wɔːr/ **worn** /wɔːn; *USA* wɔːrn/)

96 ,wear 'out; ,wear sth 'out

desgastar, gastar (algo)

■ v + adv ■ v + adv + s; v + s/pron + adv

1 c **2** a, b, c, d, f
3 a …They never seem to wear out. **b** …you'll wear it out. **c** …before he wears them out/before they wear out. **d** …when the knees wore out.
4 a …because the ones she had were worn out. **b** Even expensive trainers wear out… **c** …and says he wears out two pairs of shoes a year.

97 ,wear sb/yourself 'out

esgotar-se, deixar alguém esgotado

■ v + s/pron + adv

1 d **2** b, d, f
3 a …He'll wear himself out. **b** …All that shopping has worn me out. **c** …Did the journey wear you out? **d** …There's no point wearing yourself out. **e** …I think the kids have worn him out.
4 *Respostas possíveis:* …I've worn myself out (shopping/digging the garden, etc.) today.

work /wɜːk; *USA* wɜːrk/

98 ,work 'out

dar certo

■ v + adv

1 c, a **2** a
3 a …but things didn't work out. **b** ✔ **c** ✔ **d** …Everything worked out really well.
4 *Respostas possíveis:* **a** Fine. It's working out really well. **b** Unfortunately it isn't working out very well.

99 ,work sth 'out

calcular algo, entender algo, resolver algo

■ v + s/pron + adv; v + adv + s

1 b **2** a, c **3** a, b, c, e
4 a It took me a long time to work out the grammar of phrasal verbs. **b** ✔ **c** I think it's fun to work out mathematical problems and other puzzles.
5 a 15 **b** a towel

write /raɪt/ (**wrote** /rəʊt/ **written** /'rɪtn/)

100 ,write sth 'down

anotar algo

■ v + s/pron + adv; v + adv + s

1 b, c, a **2** b, c, d, f
3 a Writing down new words/Writing new words down… **b** …if it isn't written down. **c** He's always writing things down in that little book.
4 a write **b** wrote **c** write it down **d** write down

REVISE

down

1 *Falhar:*
break down   let sb down   turn sb/sth down
Reduzir:
cut down   slow down   turn sth down

2 **a** let-down **b** broken-down **c** slowdown
d breakdowns

3 **a** cut **b** turn **c** settle **d** slow
e letting **f** Put **g** turned

off

1 *Partir/deixar:*
get off   get off sth   set off   take off
Terminar:
cut sb off   cut sb/sth off   log off; log off sth
turn sth off
Parar/impedir:
put sth off   put sb off (1, 2)

2 **a** I'll pick you up at your hotel.   **b** Where do we get
on the bus?   **c** Don't forget to log on when you start
using the computer.   **d** The plane landed at 12.20.
e Would you like to put your coat on?   **f** I'll turn the
lights on.

3 **a** distract **b** postpone **c** leave **d** remove

4 **a** take-off **b** telling-off **c** off-putting

5 **a** put **b** put **c** turn **d** drop **e** got **f** been cut
g told **h** gone **i** been cut

out

1 *Acabar:*
go out (3)   put sth out
run out; run out of sth   sell out; sell out of sth,
be sold out   wear out; wear sth out
wear sb/yourself out   work out
Partir/sair:
check out; check out of sth
get out; get out of sth   go out (1)
Resolver/verificar:
check sb/sth out   find out, find sth out
sort sth out   work sth out

2 **a** No, let's go out. **b** The lights have gone out.
c No, I couldn't work it out either.
d Shall I help you give them out?
e When should we check out?

3 **a** a sell-out **b** worn out **c** a get-out
d I'm worn out.

4 **a** put **b** run **c** put **d** get **e** check
f worn **g** left **h** sold **i** sort **j** work

up

1 *Aumentar/melhorar:*
blow sth up   bring sb up
cheer up; cheer sb/yourself up
grow up   speak up
turn sth up
Parar/atrasar:
break up   give up; give sth up (1,2)
hang up; hang up sth   hold sb/sth up
Completar:
fill sth up

2 **a** take up **b** undo **c** turn down **d** drop off
e put down **f** give up

3 **a** upbringing **b** Hold-ups **c** made-up
d wake-up **e** break-up **f** pickup **g** look-ups

4 **a** …I don't know how you put up with him. **b** …I
think the traffic held her up.   **c** …so I made one up.
d …Will someone own up? **e** …Jack hadn't caught
up with them.   **f** I picked up the kids…

5 **a** put up with it **b** take it up **c** look them up
d he made it up

outras partículas

1 *Movimento em determinada direção:*
get on; get on sth   get in; get in sth
turn over; turn sb/sth over
Remover:
give sth away   throw sth away
Continuar:
go on (1)
Começar:
log on; log onto sth   turn sth on

2 **a** Hold **b** check **c** fall **d** get **e** had **f** fill

get

1 **a** iv **b** iii **c** v **d** i **e** ii **f** viii **g** vi **h** vii

2 **a** …get on with their neighbours… **b** …when you
get off it.   **c** …You can't get out of it now.   **d** …get
on his bike…   **e** …It's time to get up! **f** Be quick
and get in the car!   **g** …but he'll get over it.

put

1 **a** vii **b** vi **c** iv **d** ix **e** i
f v **g** viii **h** ii **i** iii

2 *Respostas possíveis:*
a Oh, I don't want to put you out (at all).
b I don't know why you put up with it.
c No, it's the smell that puts me off.
d Why don't you put your sweater on?

Índice de Partículas